Michael Hampe

Wozu?

Eine Philosophie der Zwecklosigkeit

Hanser

2. Auflage 2026

ISBN 978-3-446-27916-2

Vilshofener Straße 10 | 81679 München | info@hanser.de

Umschlag: Anzinger & Rasp, München
Motiv: © Natalya Bosyak / Adobe Stock
Satz: Greiner & Reichel, Köln
Druck und Bindung: GGP Media GmbH, Pößneck

»Oder man könnte auch sagen, der erfüllt den Zweck des Daseins, der keinen Zweck außer dem Leben mehr braucht.«
Ludwig Wittgenstein, Tagebucheintrag vom 6.7.1916, *Notebooks 1914–1916*, S. 73

»... wie läßt sich das Phänomen Leben beschreiben wie läßt sich überhaupt noch irgendetwas beschreiben ...«
Friederike Mayröcker, *mein Herz mein Zimmer mein Name*, Frankfurt am Main 1988, S. 7

»Gott ist Aufmerksamkeit ohne Ablenkung.«
Simone Weil, *Cahiers 4*, S. 132

»Als wir Kinder waren, gingen wir zum Meister
eine Zeit lang, eine Zeit lang waren wir betört von
eigener Meisterschaft; höre das Ende der Geschichte,
die uns widerfuhr: Wie Wasser strömten wir und
verschmolzen mit dem Wind.«
Omar Chajjâm (1048–1131), *Wie Wasser strömen wir*, S. 9

Inhalt

Was erschien

11

Wie es erschien

117

Wer erschien

151

Was erschien

Vergangenen Winter habe ich eine entfernte Verwandte von Kagami (es macht nichts, wenn Sie grad nicht wissen, wer das ist) in der von uns so genannten wirklichen Welt gefragt, was *autobiografische Philosophie* sei. Da hat sie geantwortet:

»Autobiografische Philosophie ist eine Form der philosophischen Untersuchung, die persönliche Erfahrungen, Gedanken und Gefühle der Philosophin oder des Philosophen benutzt, um ihre philosophischen Ideen und Perspektiven zu entwickeln. Dieser Ansatz unterscheidet sich von traditioneller Philosophie, die sich häufig auf abstrakte Begriffe und logische Argumente stützt. Autobiografische Philosophie basiert auf der Idee, dass persönliche Erfahrungen und Emotionen eine legitime Quelle für Wissen und Einsichten sind. Autobiografische Philosophie kann viele Formen annehmen, von der persönlichen Reflexion einer Philosophin oder eines Philosophen in deren Schriften bis zur Verwendung von Lebenserfahrungen in ihrer Untersuchung und persönlichen Erzählungen in der Lehre. Einige Philosophinnen und Philosophen argumentieren, dass dieser Ansatz zu einem nuancierteren Verständnis der *condition humaine* führe, weil er abstrakte Begriffe mit den konkreten Erfahrungen von Individuen verbinde. Einige Beispiele von Philosophinnen und Philosophen, die autobiografische Elemente in ihren Arbeiten verwendeten, sind Jean-Paul Sartre, Simone de Beauvoir und Friedrich Nietzsche. (Aber auch Seneca, Epiktet, Descartes, Montaigne, Kierkegaard und Cavell wären zu nennen.) Ihre Arbeiten offenbaren eine Menge über ihre eigene Lebenserfahrung, ihre persönlichen Gedanken und Gefühle und darüber, wie sie ihre philosophischen Ideen geformt haben. Es ist wichtig festzuhalten, dass autobiografische Philosophie keine philosophische Disziplin ist, sondern eher ein Ansatz, der in jedem Feld der Philosophie genutzt werden kann. Es ist ebenfalls wichtig zu sehen, dass Voreingenommenheiten in einer Philosophie Platz greifen können, die persönliche Erfahrungen verwendet.«[1]

Der Weg hinein

… in was hineingeraten? Enge und einzeln. Warum? Gab es eine falsche Bewegung? Von wem? Und wie wieder raus? Wohin? Weite, nicht einzeln. Eng und weit – ist Enge und einzeln *schlecht* und Weite *gut*? Bilder von Holzverschlägen vor Betonwänden, in denen es unmöglich ist, sich umzudrehen (eingesperrter Affe, der sprechen lernt), von Leibermassen, die weiterdrücken (Rinder, Menschen), oder ein Pferd, das mit der Kandare zurückgenommen wird. Jemand wird dicht auf den Boden gepresst, Kiefer wie eine Zange um den Nacken oder Knie auf dem Hals. Wolf im Wald liegend, schnell hechelnd, wach, Augen in den Himmel. Dann Schönheit leerer hoher Zimmer, eine sich plötzlich öffnende Lichtung im Wald, Meer, sich ruhig wiegend am Morgen oder stürmisch, ein Himmel, über den Wolken jagen, oder nur blau, klar, tanzende Möwen …

Wer redet hier dauernd? »Schlecht«, »gut« – ständig Bewertungen … kommen wie von selbst. Schon immer scheint es dieses Gerede gegeben zu haben, seit ich (wer?) mich erinnern kann. War es nie *still*? Oder kann ich mich nicht mehr an die Zeit erinnern, als es noch schwieg, aber ich vielleicht schon »auf der Welt war« (was für eine merkwürdige Wendung!)? Oder war ich noch gar nicht da, als es dies Gerede noch nicht gab? So vieles habe ich vergessen! Was gab es vorgestern zum Mittagessen? Keinen Schimmer.

Im Kindergottesdienst Geschichte vom Sündenfall: Sie und er essen vom Baum der Erkenntnis. Seitdem Rede von Gut und Böse. Seitdem dauernd Bewertungen, seitdem Leben als Einzelne. Anfang Geburt, Ende Tod, Enge der Zeit, Lebenszeit Einzelner. Alte Rede. Was war vorher? Eine Einheit, in der kein Bewerten stattfand? (Viel später aus dem Osten: »Wo weder Liebe noch Hass, ist alles offen und klar. Doch die kleinste Unterscheidung trennt Himmel und Erde in zwei. Der Konflikt zwischen Neigung und Abneigung ist nichts als eine Krankheit des Geistes.«) Vielleicht habe ich meine Existenz vor der Rede, vor all diesen Bewertungen einfach vergessen! Soll ich versuchen, mich so weit zurückzuerinnern, dass ich an eine Zeit vor der Rede denken kann? Doch wie sollte das gehen? Ich muss mich ja an der Rede entlanghangeln zurück in die Vergangenheit. Es gibt, so scheint es mir, die Vergangenheit nur in der Rede. Und wie sollte ich mir oder irgendjemand anderem sagen, was ich vergessen habe, falls es eine Zeit gegeben hat, in der ich noch keine Worte vergessen konnte, weil noch keine Rede »in mir« (wo ist das?) war? (»Je mehr Worte und Sorgen dich beherrschen, desto weiter entfernst du dich von der Wirklichkeit.«)

Und Bilder? Könnte ich nicht Bilder aus dieser Zeit erinnern und vergessen haben? Manche behaupten, sich an ihre Zeit im Mutterleib erinnern zu können. (Behaupte ich nicht!) Hatten sie Bilder im Kopf, oder tauchten Geräusche und Gefühle bei ihnen wieder auf? Aber was könnte für mich auf diesen Bildern zu sehen sein, an Geräuschen gehört, Gefühlen gefühlt worden sein ohne Rede? Habe ich den Herzschlag und Blutstrom meiner Mutter gehört, während ich als Fötus in der Fruchtblase schwebte? Doch was kann ich gehört haben, bevor ich die Wörter »Herz« und »Blut« kannte? Und als ich draußen war: Konnte ich da Mama und Papa sehen und fühlen, bevor ich »Mama« und »Papa« sagen konnte? Oder habe ich da nur Rundes mit Augen gesehen? Aber »rund« und »Augen« konnte ich ja auch noch nicht sagen, damals. Habe ich mich von irgendetwas oder irgendjemand unterschieden vor der Rede? Seit wann gibt es *mich* also eigentlich?

Welche angeborenen Gewohnheiten, dieses von jenem zu unterscheiden, existierten, bevor die Rede losging? Das Baby, das noch nicht spricht, kann im heißen Bad verbrüht werden. Dann schreit es. Es unterscheidet offenbar zwischen heiß und kalt, Schmerz und Lust, obwohl es noch nicht »heiß« und »kalt«, »Schmerz« und »Lust« sagen kann. Jedenfalls scheint es »uns Redenden« so, die wir es schreien hören, lächeln sehen. Aber unterscheidet und bewertet *es* (wer?) wirklich schon? Ist da schon *jemand,* der unterscheidet, oder wird einfach geschrien und gelächelt, je nachdem, was vorher geschehen ist? Alles scheint am *Unterscheiden* zu hängen. Trifft *jemand* Unterscheidungen, oder *gibt* es Einzelwesen, die bloß *denken,* sie träfen Unterscheidungen, weil unterschieden wird, »es unterscheidet«, so wie es blitzt oder der Atem geht, ohne dass jemand blitzt oder absichtlich atmet? Sind auch der Herzschlag und das Atmen ein Unterscheiden: Zusammenziehen und Entspannen? Auch »wirklich« und »nicht wirklich«, »tatsächlich« und »nur scheinbar existieren« sind Unterscheidungen in der Rede. Die Rede scheint notwendig immer ein Unterscheiden und Bewerten zu sein, weil sie ein Bestimmen ist (und jede Bestimmung auch eine Verneinung ist: Der Apfel ist hart und also nicht weich). Mein Denken ist diese Rede, also ist mein Denken Unterscheiden. Der Atem geht, das Unterscheiden geht. So scheint es mir in der Rede immer zuzugehen. Ich finde den Herzschlag und das Atmen in meinem Leib vor, ich finde die Rede vor, in mir und außerhalb von mir. Woher kommt diese unterscheidende Tätigkeit, ob sie nun in der Rede stattfindet oder vielleicht auch ohne sie? Woher kommt die Fähigkeit zum Fällen eines *Urteils*, in dem ein Subjekt von einem Prädikat getrennt wird?

Man kann zwei Formen des Urteils voneinander unterscheiden: das juristische und das philosophische. Die Richterin fällt das Urteil, dass der Angeklagte *schuldig* ist, und *verurteilt* ihn zu einer Gefängnisstrafe. Der Philosoph analysiert die Urteilstafel, die von möglichen Behauptungssätzen handelt. Auch von »behaupten« sprechen wir in zweierlei Hinsicht, reflexiv und nicht reflexiv: Ein Mensch kann sich in einem Kampf behaupten und jemand kann *etwas* behaupten, etwa, dass es morgen regnen wird. Das moralische und das richterliche Urteil, vor allem die *Ver*urteilung, schließen Bewertungen ein, das schlicht behauptende Urteil nicht. Stellt die Richterin fest, dass der Angeklagte gestohlen hat, so stellt sie fest, dass er etwas getan hat, was er nicht tun sollte, was er nicht darf, was gegen das Gesetz verstößt. Wenn sich jemand in einem für ihn bedrohlichen Kampf behauptet, so ist das für ihn selbst gut, sofern Menschen nicht unterliegen wollen, während die Behauptung, dass der Apfel grün ist, zunächst nichts Gutes oder Schlechtes bedeutet. Doch dass für die explizit bewertende und nicht bewertende Rede im Deutschen dasselbe Wort verwendet wird: »Urteil«, könnte anzeigen, dass das Bewerten *sehr tief* in der Rede verwurzelt ist, ja dass die Rede immer auch Bewerten ist (wie schon Aristoteles nahelegte).

Gäbe es eine Zeit vor der Rede, wäre sie *die Zeit vor dem Unterscheiden,* vor Gut und Böse (das Paradies?) und dem bewertenden Denken (die Zeit des Anschauens?). Doch das ist Unsinn, denn »vor« und »nach« sind ja auch Produkte des Unterscheidens in der Rede. Ohne Rede und Denken, ohne dieses Unterscheiden gibt es für uns auch kein »vor« und kein »nach«. Denn auch die Erinnerung ist eine Art von Denken und Reden: So und nicht anders war das früher, *vor* dem, was jetzt ist. Das und das ist geschehen und jenes nicht. Ich bin zu heiß gebadet worden – damals. Wenn uns Bilder wieder in Erinnerung kommen ohne Rede, dann nicht als etwas von damals, scheint es mir. Denn wir erinnern jetzt. Jedes Mal, wenn ein Erinnerungsbild entsteht, geschieht dies in einer anderen Gegenwart. Es ist immer ein neues Bild. Oder gibt es ein Dokument der Erinnerung, das fix bleibt? Es gibt Papierfotos aus der Vergangenheit, die ich in die Hand nehmen kann. Ändert das etwas? Vielleicht. So ein Foto kann mich korrigieren. Ich dachte vielleicht, als ich mich erinnerte, dass es so und so war. Jetzt sehe ich auf dem Foto, dass es anders war. Gibt es in unserem Bewusstsein »Dokumente« oder vielleicht sogar so etwas wie »Filme«? »Dann lief der Film wieder in mir ab«, wird gesagt, »der Film, wie du mich damals geschlagen hast«. Ist das ein Denken? Vielleicht denken auch manche Tiere in solchen Bildfolgen und unterscheiden so zwischen dem Früheren und dem Späteren. Ich weiß es nicht. Ohne das Unterscheiden gibt es keine Zeit. Die Ursache und die Wirkung machen die Zeit, scheint mir. Doch das Unterscheiden von diesem Einzelnen und jenem Einzelnen macht die Ursache und die Wirkung. Ohne Einzelnes keine Ursache und keine Wirkung. Und ohne Ursache und Wirkung keine Zeit. Also ohne Einzelnes keine Zeit. Scheint mir. Ist es ein Geist, der so unterscheidet? Ein Geist im Unterschied zur Materie? Ist der Geist ein Einzelnes? Wo kommen diese Unterscheidungen zwischen dem Einzelnen und dem Nicht-Einzelnen, zwischen Geist und Materie nun wieder her? Etwa aus einem Geist? Drehe ich mich hier im Kreis? Das Unterscheiden scheint vor Geist und Materie, vor Ursache und Wirkung, vor der Zeit. Und vor dem Unterscheiden wäre das Nicht-Unterscheiden?

Was könnte das Unterscheiden ohne Rede sein? Unterscheidet nicht jede Zelle zwischen sich und ihrer Umwelt, wenn sie eine Membran ausbildet, durch die manches in ein »Inneres« hineinkann und anderes »draußen« bleiben muss? Unser Körper ist mit allem Möglichen verbunden, sagen die Wissenschaften von den Lebewesen, das in ihn eindringen kann und muss, damit er »sich erhalten« kann (*wer* erhält sich hier?): Luft beim Atmen, Wasser beim Trinken, Nahrung beim Essen. Auch Bakterien, die den Darm besiedeln und beim Verdauen »helfen«, gehören »zu uns«: unzählige Verbindungen, damit die sogenannte »Selbsterhaltung« gelingt (welches Selbst erhält sich hier?). Erhält sich jemand oder *etwas* oder dauert einfach nur ein Prozess an? Wenn ich krank werde, will ich wieder gesund werden, weiter *durchhalten*. Ist dieser Wille durchzuhalten eine Fortsetzung von sogenannten »Selbsterhaltungsmechanismen«, von denen ich nichts weiß, wie das Schließen einer Wunde, das Zusammenwachsen eines Knochens nach einem Bruch? Oder ist mein »Durchhaltewille« nichts anderes als ein bewusst gewordener Mechanismus, der überall in meinem Körper am Werk ist? Ist Leben nichts anderes als einerseits dieses Unterscheiden zwischen dem, was hineindarf, und dem, was draußen bleiben muss, und dann andererseits noch diese Anstrengung, die unterscheidende Tätigkeit und all das Weitere, was noch so in meiner Membran, in meinem Körper stattfindet, weiter durchzuhalten (wie Samuel Beckett vermutet zu haben scheint)?

Ich niese den Staub aus der Nase, ich huste die Gräte aus dem Hals, ich scheide Urin und Kot aus. Damit es weitergeht, damit die Erhaltung funktioniert, damit man durchhalten kann, wird anderes als fremd identifiziert und hinaustransportiert. Die Wissenschaft sagt vom Immunsystem: Es »wehrt ab«. Das Nervensystem lässt Reize herein. Ist der Körper also schon vor der Rede ein Unterscheidungs- und Bewertungssystem, weil er eine *Durchhaltemaschine* ist, die alles aus sich entfernt, was das Durchhalten behindern könnte? Oder ist der Körper nur von der Biologie so beschrieben worden? Verstehen wir ihn vielleicht grundsätzlich falsch? Woher die Schmerzen, wenn es nicht mehr weitergeht? Schon wenn eine alte Gewohnheit durchbrochen wird, tritt Unwohlsein auf. Warum dieses Weitermachen und der Widerstand gegen das Aufhören? Sind unsere Gesellschaften der Redenden ebenfalls solche Unterscheidungssysteme wie unsere Körper, eine Art Fortsetzung oder Spiegelung biologischer Mechanismen?

Zurück zur Erinnerung. Vielleicht funktioniert das Gedächtnis vor der erinnernden Rede so: Ich erlebe in späteren Jahren etwas, was ich benennen kann, und habe den Eindruck, dass ich es nicht zum ersten, sondern wiederholten Male erlebe. Ich höre beispielsweise das Geräusch einer Herzuhr, wie sie Neugeborenen zur Beruhigung ins Bettchen gelegt wird, auf der Geräusche vom Herzschlag und Blutfluss gespeichert und abzuhören sind, und denke: »Das habe ich doch schon einmal gehört, dieses Klopfen und Rauschen!« (Ich behaupte nicht, dass es mir so ergangen wäre!), so wie ich in ein Gebäck, das mir als Madeleine gereicht wird, beiße, es schmecke und denke: »Den Geschmack kenn ich doch!« Vielleicht ist es mir dann auch möglich, mich an die Situation zu erinnern, in der ich zuerst die Erfahrung gemacht habe, die sich heute als eine von mir in der Rede mit »Klopfen« und »Rauschen« benennbare wiederholt. Aber wie ist diese Erfahrung »in mir« »gespeichert« (wenn sie denn überhaupt gespeichert ist und nicht bei Bedarf neu erzeugt wird)?

Die benennbare Erfahrung kann nicht genau dieselbe Erfahrung sein wie die, die ich in der Rede »die ursprüngliche« nennen könnte und von der ein amerikanischer Philosoph (Wilfrid Sellars) einmal als »rohes Gefühl« der Kleinkinder gesprochen hat, wie von einem noch ungeschliffenen Rohdiamanten. Denn die Benennung muss sich auf die Art, wie etwas erfahren wird, auswirken (ob gestaltend und verfeinernd, wie bei einem Diamanten, der in eine bestimmte Form geschliffen wird, soll hier offenbleiben, denn es könnte ja auch verstellend und vergröbernd sein, was die Benennungen mit dem unbenannt Gegebenen anstellen). Und auch die Situation, in der ich etwas erfahre und mit einer Erinnerung vergleiche, ist eine andere als die, in der ich nur erfahre und nicht erinnere. Aber kann ich wirklich nur erfahren, ohne zu benennen, zu identifizieren, mich auf das, was ich erfahre, als nicht unter eine bestimmte Klasse von Gegenständen fallend beziehen? Manche scheinen danach zu streben oder darauf zu warten, dass sich eine solche Erfahrung einstellt, in der nicht benannt wird (man könnte sie »die Mystiker« nennen). Zweifellos muss es eine andere Erfahrung sein, einem Herzschlag und Blutstrom als Fötus in einer Fruchtblase zu lauschen, bevor man noch irgendeine Sprache beherrscht (wenn das denn eine Erfahrung *ist* und wenn »wir« das eine Erfahrung nennen wollen), als das Geräusch einer Herzuhr als Erwachsener zu hören, wenn man schon lange spricht, die als solche benannte Herzuhr dem eigenen Kind ins Bettchen legt und sich dabei erinnert, dass man dieses Klopfen und Rauschen schon einmal gehört hat.

Die, die schon älter waren als ich zu der Zeit, als ich noch nicht sprechen konnte, können vielleicht darüber Auskunft geben, wie ich ihnen damals erschien, so wie ich jetzt darüber reden kann, wie ganz junge Menschen, die noch nicht sprechen, mir erscheinen: Sie zappeln, brabbeln, trinken, scheiden aus. Es gibt ja Fotos: Da liegt jemand in Windeln auf einem Sessel, krabbelt über den Boden, grinst aus dem Kinderwagen hervor. »Das bist du!«, sagen die anderen, während sie mir die Papierbilder zeigen. »Aha!«, denke ich.

Es scheint keine Erfahrung vom Anfang des Bewusstseins geben zu können. Denn wie sollte man sich diesen Anfang vergegenwärtigen? Man müsste ihn erinnern. Doch wenn man ihn erinnern könnte, dann hätte man als ein Bewusstsein, das diesen Anfang erlebt, ja schon existieren müssen. Dann wäre es also gar nicht der Anfang des Bewusstseins gewesen. Es scheint auch kein Ende des Bewusstseins geben zu können. Denn wenn ich das Ende erleben könnte, wäre es nicht das Ende, sondern mein Bewusstsein würde über es hinaus bestehen, wenn vielleicht auch nur für einen Moment. Unsere ersten Erinnerungen können nicht den Anfang unseres Bewusstseins betreffen, unsere letzten Erinnerungen nicht sein Ende. Was mir in der Zeit erscheint, scheint immer nach dem Anfang des Bewusstseins zu liegen und vor seinem Ende. Oder das Bewusstsein scheint selbst *nicht* in der Zeit. (Eine sehr alte Einsicht.)

Meine erste Erinnerung: Ich grabe im Garten ein Loch (der Garten der Großeltern). Unter dem Küchenfenster, aus dem sie (die Großmutter) von Zeit zu Zeit herausschaut. Ich grub das Loch vor dem Erdbeerbeet, das sie sehen konnte, wenn sie in der Küche abwusch im Spülstein unter dem Fenster. Das Loch sollte so tief werden, dass ich ganz in ihm verschwinden konnte, mein Kopf nicht mehr zu sehen ist. Wollte ich zurück in eine Mutterhöhle? Wollte ich mich vorzeitig beerdigen? Ich weiß es nicht mehr. Ich erinnere den Stolz, als das Loch tatsächlich immer tiefer wurde, sodass ich erst kaum noch, dann gar nicht mehr hinausschauen konnte, die Schwere der Schaufel, die sich windenden orangefarbenen Regenwürmer, die immer kühlere und feuchtere Erde, je tiefer ich grub, den Geruch der Erde. Ich erinnere mich nicht, dass ich damals schon etwas sagte. Der Kopf der Großmutter ist mir noch im Gedächtnis, wie sie freundlich herausschaut aus ihrer Küche, mir zunickt. Hat sie mir ein Glas Milch gereicht?

Die nächste Erinnerung ist eine mit Sprache: Nachdem er (mein Vater, oder war es mein Bruder?) mich zum Friseur geschleppt, der mein Haar mit einer Maschine viel zu kurz auf Stoppellänge geschnitten hatte, stehe ich am Schönen Brunnen in der Hildesheimer Straße und rede, rede aufgeregt, denn ich bin wütend, weil die Haare einfach viel zu kurz sind, nur noch Stoppeln! Ich wollte die Haare doch aber überhaupt nicht geschnitten haben! Ich hatte weinen müssen auf dem Friseurstuhl, der mit Extrakissen erhöht worden war, damit der Friseur sich nicht so weit herunterbücken musste zu meinem Kopf, um mein Haar zu schneiden. Da ging ich noch nicht zur Schule. Er, in einem hellen Anzug (es muss mein Vater gewesen sein, oder montiert mir hier irgendetwas sein Bild in die Erinnerung?), raucht eine Zigarette am Brunnen und lächelt. Ich rede auf ihn ein, ich protestiere in kurzen Hosen. Es muss im Sommer gewesen sein. Natürlich musste das Reden da schon lange vorher bei mir begonnen, sich in mir festgesetzt haben, denn ich erinnere, dass ich lange rede, Sätze, viele Sätze. Er schweigt, raucht, lächelt. Doch seit diesem frühen Nachmittag am Brunnen mit ihm, so erinnere ich mich, rede ich, und seitdem habe ich *immer* geredet, entweder zu anderen oder zu mir selbst.

Ich weiß aber aus der Beobachtung von anderen auch, dass einige verstummen, bevor sie wieder verschwinden; sie hören auf: erst zu reden und dann zu essen. Das leuchtet mir inzwischen ein. Wie soll man sonst den Zwängen (Engen) entkommen, in die man geraten ist? Der Weg hinauf und der Weg hinab sind derselbe: erst krabbeln, dann wacklig herumtorkeln, danach reden, reden, reden, sicheren Gangs. Dann wird der Gang wieder unsicher, einige rollen auf Rädern ein Weilchen durch die Welt wie am Anfang, weil die Beine sie nicht mehr tragen, die sie ehemals *noch nicht* trugen, und dann verstummen sie wieder, schreien und stöhnen vielleicht noch, wie sie als Kleinkinder geschrien und gestöhnt haben, und verschwinden dann.

Doch solange man redet, muss man so und so sprechen, nicht anders! Die Sprache ist das Regelsystem der Gemeinschaft. Um unter den anderen einen Platz zu finden, müssen wir lernen, uns nach den Regeln der Sprache zu richten (und natürlich noch nach tausend anderen Regeln, die mit denen der Sprache verbunden sind). Ich kann nicht über die Sprache und ihre Regeln verfügen, habe da keine Macht. Ich kann innerhalb des Regelsystems ein wenig reagieren. Es gibt Spielräume, gewiss, aber keine wirkliche Freiheit. Man kann es so oder so sagen, aber *Autonomie* (was für ein Wort! – wo kommt das nun wieder her?) über die Regeln, die haben wir nicht.

Bevor wir sprechen, während wir reden und auch zu der Zeit, zu der wir vielleicht wieder aufgehört haben, etwas zu sagen (vor dem Verschwinden), unterliegen wir noch anderen Zwängen als denen der Gemeinschaft der Redenden. Denn wir brauchen Wasser, Nahrung, Wärme. Schmerzen können sich bemerkbar machen, die wir zu vermeiden versuchen, indem wir nach Hilfe schreien. Oder wir geraten in Lustzustände, die wir verlängern wollen und deren Ende uns traurig macht. Auch das können wir nicht wählen, so wenig wie die Regeln der Sprache. Wir verfügen nicht über die Art und Weise, wie unser Körper funktioniert. Zwar gibt es auch hier Spielräume. Man kann sich Muskeln antrainieren und Hormone spritzen. Aber man braucht Muskeln, um sich zu bewegen. Und diese Muskeln brauchen Sauerstoff (sagt die Wissenschaft), Wasser, Nahrung. Ich gehe ein paar Stunden im Sommer durch die Stadt, und dann trinke ich, ohne weiter zu überlegen, aus einem Brunnen. Ich helfe Freunden beim Umzug, indem ich Bücherkisten Treppen hinaufschleppe, und abends verschlinge ich, ohne nachzudenken, das Doppelte von dem, was ich gewöhnlich um diese Zeit esse. So »funktioniere« »ich« oder »mein« Körper. Diese Zwecke werden verfolgt, ohne sich für sie entscheiden zu müssen (wie geht das, das »Sich-Entscheiden«?).

Eine lange Zeit unseres Lebens sind wir von irgendwelchen Formen fasziniert, werden von ihnen angezogen, Formen, die uns zu irgendeinem Handeln, beispielsweise zu einer geschlechtlichen Tätigkeit, veranlassen. Menschen sind getriebene Wesen, anders als die Steine, die ruhig daliegen. Durst,

Hunger, geschlechtliche Sensationen feuern uns an, nach etwas Trinkbarem zu suchen, nach etwas zu essen, nach Betätigungsmöglichkeiten für die Sexualorgane. Wo ist da die Freiheit? In der Reflexion, wird gesagt. Man kann *zurücktreten,* wird gesagt, das Trinken, das Essen, den Sex unterlassen. Was ist diese Reflexion? Was ist dieses Reden mit mir selbst? *Wer* ist es, der zurücktritt von den Zwecken des Körpers, von den Zwecken, die mir später eingeredet werden? Wir sind »höhere« Wesen, wird gesagt, weil wir uns selbst Regeln geben können (dass ich nicht lache!).

Zuerst sind wir also Wesen mit einem bestimmten Körper, »etwas zum Leben«, wie gesagt worden ist (von Beckett). Oder sollte ich sagen: Wir sind in einen lebendigen Körper geraten? Aber wer könnte es sein, der da in den Körper gerät? Sollen wir ein Individuum, ein *Selbst* annehmen, das »vor« dem Körper, »vor« den sozialen Verhältnissen existierte? Ich wüsste nicht, wie eine solche Annahme gestützt werden könnte. Denn alles Reden von »vor« und »nach« und von »existieren« und »nicht existieren« setzt ja schon irgendeine Sprache mit ihren Unterscheidungen voraus. Und die Sprache haben wir nur in dieser Gemeinschaft der Redenden mit den anderen, in die wir nur eintreten können, weil wir einen Körper haben wie die anderen auch, einen anderen Körper zwar, aber doch einen ähnlichen. Was wäre das also für ein Einzelwesen, das »noch« keinen Körper hat und noch nicht irgendetwas oder irgendjemand in der Sprache einer Gemeinschaft identifiziert? Es scheint unmöglich, eine solche Annahme zu rechtfertigen.

Wir sind Wesen, die nach bestimmten Regeln funktionieren müssen, Regeln, an die wir uns gewöhnen und nach denen wir durchzuhalten haben, jedenfalls so lange, wie uns in der Rede (oder ist es »woanders«?) nicht die Möglichkeit erscheint, all das zu beenden. Es scheint die »Freiheit« geben zu können, nicht mehr den Zwecken des Körpers zu folgen, zum Beispiel nicht mehr zu essen oder auf andere Art und Weise die Funktionsweisen des Körpers zu unterbrechen, abzubrechen, nicht mehr durchzuhalten. (Bisher erschien mir das immer voreilig, jetzt zu versuchen, mit dem Durchhalten aufzuhören. Aber vielleicht ändert sich das.) Doch zunächst werden wir nach einer mehr oder weniger gelingenden Gewöhnung an unseren Körper und seine Grenzen und Funktionsweisen zu sprechenden Wesen unter den anderen Sprechenden. Die Rede setzt sich in uns fest, wie ein Pilz, der sich an einem Baum festsetzt (»language, it's a virus!«). Und dann müssen wir uns auch an die Regeln des Sprechens gewöhnen. Denn sie verbinden uns mit den anderen, sodass wir uns mit den Regeln des Sprechens auch gleich an diese anderen Sprechenden gewöhnen. Außer als Körper sind die anderen mit uns nur als Sprechende verbunden. (Wie schön ist es, sich sprachlos mit jemand anderem zu verbinden!) Mit der Sprache versuchen die anderen unter anderem, die Impulse zu regulieren, die in unserem Körper aufsteigen. Wir dürfen nicht immer, so signalisieren sie uns, schreien, essen, uns entleeren, gewalttätig auf andere losgehen, Sex haben. Das sind die Bewertungen, für die wir uns nicht entscheiden, sondern an die wir uns ebenfalls gewöhnen müssen, wenn wir uns an die Rede gewöhnen. Wir werden abgerichtet (ein hartes Wort). Auch wenn die anderen uns mögen, uns als Vater und Mutter lieben, sie richten uns ab, mit ihrer Liebe und ihren Ermahnungen. Denn auch sie sind ja vom Pilz der Rede befallen, müssen ihn weitergeben.

Manchmal, später, können wir die Rede als eine Art Musik nehmen, als schönes Muster, können vergessen, was sie mit uns macht, so wie wir auch den Pilz unter das Mikroskop legen und schauen können, wie er in tausend Farben schillert. Was immer uns auch widerfährt in der Welt der tausend Zwecke, kann auch als ein selbstständiges Muster erfasst werden. Dann scheint die Welt anzuhalten und sich uns wie ein Bild, eine Melodie zu zeigen. Vielleicht wird die kindliche Freude an Regeln, die Nachahmung der Muster der Erwachsenen aus dieser Haltung geboren: Sie bemerken nicht, dass sie abgerichtet werden, sondern sehen nur die Muster, genießen ihre Entwicklung, so wie man den Vogelgesang genießen kann. Doch das sind wohl nur Anfänge und Unterbrechungen, die wie ein Wunder den Lauf auf den Schienen der Zwecksetzungen kurz anhalten können, so scheint es mir.

Wenn wir wieder verschwinden, verlassen wir häufig zuerst die Gemeinschaft mit den anderen (falls wir Zeit dazu haben, aufzuhören zu sprechen, und nicht durch einen Unfall oder eine andere Plötzlichkeit unser Körper zerstört wird). Danach hören die Funktionszusammenhänge unseres Leibes auf: die Verdauung, der Herzschlag, die Atmung, das Sehen, das klare Denken, erst ganz am Schluss das Gehör (so sagt man). Wir können nur begrenzt durchhalten in unserer Gemeinschaft und in unserem Leib. Doch ist da jemand, der durchhält? Oder sollte man besser (nach welchen Kriterien von »besser« und »schlechter«?) sagen: Es gibt bei den Lebewesen nur diese Bewegung des Durchhaltens, diese Anstrengung, die in den Komplexen der sozialen Gewohnheiten und der biologischen Mechanismen auftaucht, die eine Art Anstrengung ist, die immer größer wird, je länger es geht? *Sollen wir all das Leben nennen*: dieses Durchhalten für eine Weile nach den Regeln unseres Leibes und denen der Gemeinschaft der Sprechenden, diese Anstrengungen, einen organisch-sozialen

Regelungszusammenhang aufrechtzuerhalten, in den irgendetwas (wer?) hineingeraten ist? Weil unser Leib auf bestimmte Weise strukturiert ist und bereits zu unterscheiden scheint und die Sprache, die wir erlernen, uns dieses und jenes zu unterscheiden und bewerten nahelegt, hat dieses Leben, das wir anscheinend durchhalten müssen (jedenfalls so lange, bis uns die »Freiheit« aufgeht, die Zwecke unseres Körpers nicht mehr zu erfüllen), eine bestimmte Form. Wir existieren in einer *Lebensform* (wie Wittgenstein es genannt hat). Ist das die Enge, diese Lebensform, dieses Zwangsgemisch aus sozialen Ansprüchen und biologischen Notwendigkeiten? Und weil wir uns an all das gewöhnen, fällt es uns schwer, das Leben aufzugeben, abzubrechen. Denn immer, wenn man abbricht, kommt der Schmerz, der körperliche oder sogenannte seelische. Gewohnheiten aufzugeben ist mühsam, weil man immer Schmerzen überwinden muss dafür – Entzug, scheint mir. Haben wir deshalb Todesangst?

Doch die *Aufmerksamkeit*, die gegeben sein muss, damit Gewohnheiten angenommen werden, die mal auf das, mal auf etwas anderes gerichtet ist und der es manchmal gelingt, sich abzuwenden von Zwängen, gehört auch sie zu diesem Leben? Auf welche Weise könnte sie Teil des Lebens sein? Sie scheint selbst keine Gewohnheit, die nur in einer bestimmten Lebensform existiert, sondern sie scheint beinahe allem Lebendigen eigen, schon beim Kleinkind da zu sein, das noch nichts sagt, aber versucht, etwas mit den Augen zu fixieren, oder den Kopf in die Richtung eines Geräusches dreht, das es hört.

Menschen erscheinen, gewöhnen sich an einen Körper, den sie nicht gewählt haben – oder es entstehen Gewohnheiten in diesem Körper, indem es der Aufmerksamkeit gelingt, ihn von den »äußeren Körpern« unterscheiden zu lernen, meist über Lust- und Schmerzerfahrungen. Ich renne zum heißen Ofen, sie warnt mich: »Fass das nicht an!« Doch ich greife auf die Platte. Da hatte ich das Greifen schon lange gelernt; hatte vorher, wie ich es von anderen weiß, nach ihren Fingern, nach ihrer Brust, nach der Flasche gegriffen … den eigenen Finger in den eigenen Mund gesteckt. Saugende Reflexivität. War das der Anfang von mir? Entsteht auf diese Weise mein »eigener Leib« mit Lüsten und Schmerzen (nicht der Körper mit einem bestimmten Gewicht und einer bestimmten Anatomie)? Wer ist hier eigentlich der *Besitzer,* wenn ich von »meinem« Leib spreche im Unterschied zu den »äußeren« Körpern?

Dann lernen Menschen, weil sie wach und in ihrem Verhalten flexibel sind, zu sprechen. Es werden ihnen Ideen, Behauptungen, Erzählungen, Zielvorstellungen in die Köpfe gesetzt. Eine Sprache zu lernen bedeutet, in ein bestimmtes Leben zu geraten, liebend oder auch nicht liebend gezwungen zu werden, es auf eine bestimmte Weise zu führen, denn mit der Sprache geraten wir in eine Welt, in der auf bestimmte Weise gehandelt werden muss. Während dieses Abgerichtetwerdens lernen wir auch, dass »man« etwas erreichen kann, sogar muss. Das Erreichen liegt immer *in der Zukunft,* die besser als die Gegenwart sein soll, sein muss, auf die wir unsere Aufmerksamkeit zu richten haben. Das zu Erlernende muss ich richtig beherrschen, dann erreiche ich etwas in der Zukunft.

Müssen: »Musst du aufs Klo?«, fragt sie und: »groß oder klein?« »Du musst die schöne Hand geben«, sagt sie, »die rechte!« »Du musst nicht immer in der Nase bohren, nicht vor den Leuten.« »Du musst dich mehr anstrengen, sonst wird das nichts!« »Du musst noch deine Vokabeln lernen, morgen ist doch die Klausur!« »Du musst deine Tasche schon am Abend packen, dann hast du morgens nicht diese Eile!« »Du musst ein Konzept entwickeln bei einer langen Arbeit, sonst verlierst du den Überblick!« »Du musst monatlich etwas zurücklegen, sonst bildet sich kein Kapital!« »Du musst dich vorbereiten auf die Rente, sonst wird die Pensionierung ein Schock!« »Du musst eine Patientenverfügung schreiben, sonst weiß man nie, was sie mit einem machen im Krankenhaus am Ende!« Immer muss die Aufmerksamkeit »nach vorne« gerichtet sein, damit wir »vorsorgen« können.

Hatte ich eine Vorstellung von »der Zukunft«, bevor ich auf diese Lernprogramme gebracht wurde und das Müssen verstand? »Man« muss lernen, Gefahren (wie heiße Öfen) zu vermeiden, lernen, es so wie die anderen zu machen (die rechte Hand ausstrecken bei der Begrüßung). »Schau, wie der große Junge da drüben es macht, so musst du es auch machen, treten und den Lenker gerade halten«, sagt er. Wer nicht lernt, überlebt vermeintlicherweise nicht, »bringt« es zu nichts, kann nicht durchhalten. Durch das Lernen bekommt die Aufmerksamkeit eine zeitliche Ausrichtung auf die Zukunft: Projekte. Denn was man *noch* lernen muss, also jetzt noch nicht kann, liegt immer in der Zukunft, und man lernt es für das, was man in der Zukunft können oder gar sein will. Erst will man die Milch, den Daumen im eigenen Mund, den Brei, und dann will man jemand sein: ICH. »Lifelong learning, a growing mind«, höre ich im Diversity-Training. »Diversität macht alle Gruppen effizienter«, sagt die Psychologin. Wenn man gelernt hat, was man lernen soll, ist man in den Augen der Gemeinschaft besser geworden, weil man es gelernt hat. So entstehen die Projekte für *mein* Leben. Wird so mein ganzes Leben zu einem Projekt, in dem die Aufmerksamkeit auf die Zukunft ausgerichtet wird: dieses Spielzeug, diesen Sex, diesen Beruf? Meine Projekte bestimmen, was ich *muss* und *will*. Wird so die Aufmerksamkeit gefangen in der Enge der Zeit?

Ich wünschte mir einen roten Gokart zum Treten, den ich in einem großen Spielzeugwarenladen gesehen hatte, mit einer Fahrradkette, die über zwei Zahnräder lief, unter einer roten Metallverkleidung. Ich wollte diesen Gokart unbedingt. Eines Nachts träumte mir von dem Ding. Im Traum fuhr ich mit ihm durch die Wohnung, aus meinem Zimmer hinaus und den langen Flur entlang, um die Ecke bis zur großen weißen Wohnungstür und wieder zurück. Es war fantastisch, unglaublich. Ich stellte meinen Gokart im Flur ab und schaute stolz auf ihn zurück, bevor ich wieder in mein Bett ging. Ich erwachte. Freudig sprang ich aus dem Bett und lief zurück auf den Flur zu meinem Gokart. Doch er war nicht mehr da! Wo konnte er nur hingeraten sein? Ich begann zu suchen. Hatte sie ihn irgendwohin gestellt? Ich geriet in Verzweiflung, ich weinte, schrie. Sie versuchte mich zu trösten. »Wo ist mein Gokart?«, rief ich. »Eben war er doch noch da!« »Welcher Gokart?«, fragt sie. Sie versteht mich nicht. Dann sagt sie: »Du hast nur geträumt.« Von allen Projekten erwachen kann kein Projekt sein. (»Es gibt keinen Weg.«)

Es wird geprüft, ob man in der Vergangenheit genug für die Zukunft getan hat, es wird in der Gegenwart geprüft, welche Chancen sich bieten, um die »richtige« Zukunft zu erreichen. Erinnerungen an die Vergangenheit, Bewertungen in der Gegenwart, Projekte für die Zukunft – damit verbringen, so scheint es mir, »wir« (wer?) unser »psychologisches« Leben. Die gefangene, in die Enge geratene Aufmerksamkeit »flackert« (flattert) in diesen Zeitdimensionen hin und her (wie ein Vogel im Käfig). Wenn Menschen im Alter ihre Projekte verlieren, erinnern sie sich häufiger, versuchen sich vergangene Zeiten, in denen sie etwas erreicht haben, wieder in ihr Gedächtnis zu rufen. Wenn ihnen die Gegenwart schrecklich erscheint, planen sie für eine bessere Zukunft. Durch Projekte, die gelingen oder scheitern, fügt sich das Leben zu einem bewerteten zeitlichen Zusammenhang, und die Aufmerksamkeit wird mehr oder weniger vollständig in den Dienst dieses Zusammenhangs gestellt (wie ein Pferd vor einen Karren gespannt wird). Sie wird absorbiert von Bewertungen der Rede, in die wir hineinwachsen. Nur kurz vor dem Tod sind keine Projekte mehr zu vollenden, nichts in der Vergangenheit Verfehltes wirklich wieder »gut zu machen«. Wird dann die Aufmerksamkeit »frei«, oder setzt dann eine große Orientierungslosigkeit ein?

Doch auf was richte ich hier eigentlich meine eigene Aufmerksamkeit? Auf einen bestimmten Menschen? Auf mich selbst? Auf die Menschen um mich herum? Oder auf ein abstraktes Wesen unter der Bezeichnung: »der Mensch überhaupt«? Kann man seine Aufmerksamkeit auf ein Abstraktum richten? Ich kann Mathematik betreiben und über Dreiecke und Primzahlen nachdenken. Auf was richte ich dann meine Aufmerksamkeit? Ich vermute: auf *Zeichen*. Ist »der Mensch« ein Zeichen? Warum sage ich »die Menschen« oder »man« beziehungsweise »wir«? Sind es denn Menschen im Allgemeinen, die erscheinen, im Sinne von Exemplaren der Spezies *Homo sapiens*? Treibe ich hier Biologie? Dafür ist alles, was ich hier sage, viel zu »trivial«, im Sinne von: nur an der Alltagserfahrung orientiert, ohne jede Fundierung in einem speziellen Laborexperiment, es ist nur das, was mir erschienen ist als Wahrnehmung, Gedanke, Gefühl, Erinnerung. Wer könnte mit »man« oder »wir« hier also gemeint sein? Ich weiß es nicht. Ich habe »man« oder »uns« (»wir«) nie gesehen, gerochen, berührt. Es ist eines der vielen Wörter, an die ich mich gewöhnen musste, aus denen ich jedoch nie recht schlau geworden bin. Braucht die Aufmerksamkeit die Sinne, um sich zu fokussieren? Ich verstopfe Augen und Ohren (wie Descartes) und konzentriere mich: Was erscheint dann? Ein Ich? Der Atem? Der Herzschlag?

Worum geht es, wenn ich »Menschen« oder »wir« sage? Um Mitglieder von redenden Gemeinschaften? Um »meine« Gemeinschaft? Wo könnte die anfangen, wo aufhören? Sind das sie, er und ich? Oder auch meine Freunde? Oder gar alle, die »meine« Sprache sprechen? Oder vielleicht sogar alle, die gerade auf dem Globus durchzuhalten versuchen? Zu einem solchen »man« gehört niemand, der als ein waches, flexibles Wesen auf die Welt kommt und in einem Sessel, ohne zu reden, in den Windeln liegt. So jemand schaut auf Farbmuster, atmet, verdaut. So ein Mensch tut, was ein neugeborener Organismus tut, aber nicht, »was man so macht«. Wer könnten »wir« sein, bevor »wir« in diese sprechenden Gemeinschaften eintreten, auf all ihre Regeln abgerichtet werden?

Ist vor der Abrichtung auf Projekte die Aufmerksamkeit schon eine Vielheit? Oder ist sie gar nicht da, wenn es keine Einzelnen gibt? »Fließt« sie, nicht als ein einzelnes Etwas, aber auch nicht als ein Nichts, in die Leiber und Geschichten der vielen einzelnen Menschen, wie es mir scheint? (Warum erscheint es mir so? Wegen des Vogels, der von einem Baum zum anderen flog?) Genügt ein Gehirn, um Aufmerksamkeit zu »erzeugen« (was immer das bedeuten mag)? Genügt ein Leib mit zwei Augen und zwei Ohren, einer Nase und einer Zunge, um die Aufmerksamkeit zu kanalisieren? Aber »hat« das Baby, das seinen eigenen Körper noch nicht von der Umwelt klar unterscheidet, ein Bewusstsein von diesen Sinnesdimensionen? Oder ist seine Aufmerksamkeit einfach in diese Sinneskanäle geraten? Aber wie könnte es *seine* Aufmerksamkeit sein, wenn es noch gar nicht weiß, wo sein Körper anfängt und endet, und noch nicht »ich« sagen kann?

Vielleicht, so erscheint es mir oft, ist es ja nur *eine einzige* Aufmerksamkeit, in der »unser« Unwohlsein oder »unsere« Lust erscheint, in der auch die Grenze zwischen dem eigenen Leib und anderen erfasst wird, in der sich die Gewohnheiten und Erinnerungen für eine Weile festsetzen. Vielleicht gibt es überhaupt nur eine einzige große Aufmerksamkeit und einen einzigen riesigen Strom von Erfahrungen, der sie durchzieht. Vielleicht ist es mit der Aufmerksamkeit, dem Wachsein und den Leibern so wie mit dem Meer und den Prielen im Watt: Es ist *ein* Wasser, das bei Flut (Geburt) in alle hinein- und bei Ebbe (Sterben) aus ihnen wieder hinausströmt. Oder ist sie wie die Luft, die in verschiedene Orgelpfeifen fährt und in jeder einen anderen Ton hervorbringt? Doch wenn es ein Hinein- und ein Hinausströmen gäbe, dann hätte eine solche allgemeine Aufmerksamkeit keine eindeutige Zeitrichtung; sie »blickte« unabhängig von den abgerichteten Leibern nicht in die Zukunft oder die Vergangenheit. Gäbe es Zukunft und Vergangenheit in ihr gar nicht, ohne diese Leiber mit den Durchhalte- und Strebens-Projekten, die in ihnen entstehen? Wäre sie ein ewig pulsierendes Strömen? (Ist das eine Trostfantasie?) Vielleicht ist die Verschiedenheit der Einzelwesen innerhalb der allgemeinen Aufmerksamkeit das Ergebnis der

Rede, durch die diese Aufmerksamkeit, die schon in einem bestimmten Leib »unterworfen«, in ihn »hineingezwungen«, auf Sinneskanäle gebannt worden ist, auch noch auf eine Zukunft mit Projekten und einer zu erinnernden Vergangenheit fokussiert wird. So wird sie begrenzt, räumlich durch den Leib, zeitlich durch die Rede, in der geplant, erwartet, erhofft, befürchtet, erinnert, bereut wird. Doch unabhängig von diesen Grenzen des Leibes und den Unterscheidungen und Bewertungen der Rede wären mein Schmerz und der in einer anderen Person »eigentlich« in einer einzigen Aufmerksamkeit verbunden. So kann ich es mir denken. Aber wie kann mein Schmerz in der Aufmerksamkeit unabhängig von mir sein? Als »reiner Schmerz«, der nicht mehr mein Schmerz ist? Ist das plausibel? Worauf »bezieht« sich der Schmerz, wenn er nicht mehr ein Warnsignal in meinem Körper ist, dass das Durchhalten gestört ist? Ist er dann nur ein Phänomen, eine Qualität wie das Rot (der Kirsche) oder ein Duft (des Waldbodens)? Wie soll die Verbindung all dieser Qualitäten unabhängig von den Einzelwesen aussehen? Ist sie dann ein riesiges sich drehendes Muster, grenzenlos, in dem eines in das andere übergeht? Ist die Unterscheidung zwischen diesen Übergängen in einer allgemeinen Aufmerksamkeit, einer »großen« Aufnehmenden (*chora*) und der Vielheit der in Leiber gebannten und auf Zukünfte und Vergangenheit fokussierten Aufmerksamkeiten, überhaupt sinnvoll? Meine Rede besteht fast immer aus *Geschichten*: Ich erzähle mir selbst, wie es war, wie es so gekommen ist. Und dann kommen gleich die Planungen: wie es werden soll. Auch Geschichten. Ist die allgemeine Aufmerksamkeit in solchen Geschichten verheddert, gefangen in dem Leben, das die Einzelwesen durchhalten müssen oder wollen? Und wie kann sie daraus wieder entkommen, außer durch den Tod? Am Ende der Geschichten (wie Beckett es angestrebt hat) – was erscheint da? Die Ewigkeit? Erscheint da überhaupt *etwas*? Nein, nicht etwas, aber auch nicht nichts (wie Wittgenstein sich ausdrückte). Auf was könnte die Aufmerksamkeit gerichtet sein, wenn nicht auf eine Geschichte, nicht auf abstrakte Zeichen? Auf sich selbst (*causa sui*)? Ja, auf sich selbst, ohne ein Etwas zu sein.

Wenn ich mit dem Hammer auf den Nagel in der Wand haue, tut es nicht weh. Doch haue ich auf den Daumen, schmerzt es. Der Nagel in der Wand und mein Daumen sind verschieden. Ich kann keine Schmerzen im Nagel an der Wand empfinden. Der Nagel ist nicht abrichtbar. Ich kann ihn nur in die Wand hineinschlagen. Auch mein Nachbar, der meinen Schmerzensschrei hört, wenn ich mir auf meinen Daumen haue, empfindet keine Schmerzen in *seinem* Daumen, wenn ich meinen versehentlich treffe. Seine Daumen und meine Daumen sind verschieden.

Aber ist diese Aufmerksamkeit, die die Schmerzen im Daumen empfindet, jemand? Meine Daumen und die Daumen meiner Nachbarn sind etwas Einzelnes, und der Nagel ist etwas Einzelnes. Die Aufmerksamkeit nimmt Schmerz in einem Daumen an einem bestimmten Ort der Welt wahr. Ich sage, dass dieser Daumen *mein* Daumen ist, zu *meinem* Leib gehört. Und deshalb sage ich auch, dass ICH Schmerzen empfinde. Aber gibt es hier einen Besitzer (mich) und dann noch den Besitz (meinen Leib)? Ich kann auf beide: auf meinen Daumen und auf den Nagel zeigen. Auf meine Aufmerksamkeit kann ich jedoch *nicht* zeigen. Kann ich sie erfahren, indem ich darauf achte, wie ich auf etwas aufmerksam bin? Die Aufmerksamkeit ist nicht *meine*, wie mein Daumen mein Daumen ist. Mein Daumen und mein Zeigefinger halten den

Nagel. Meine Hand schwingt den Hammer. Dabei kann ich den Daumen treffen oder den Nagel. Doch auch der Nagel erscheint in meiner Aufmerksamkeit: als ein kühles, hartes, schwarzes Etwas. Aber ich fühle nichts im Nagel. (Es sei denn, ich bin in einem *anderen Zustand.*) Ich fühle nicht die Wand im Nagel, so wie ich den Nagel in meiner Hand fühle. Zwar sagen blinde Menschen, dass sie den Boden in der Spitze ihres Blindenstocks fühlen, doch können sie auch Schmerzen in dem Blindenstock spüren? Wie ist es, wenn ein Hund nach dem Blindenstock schnappt und in die Spitze beißt? Kann das wehtun? Vielleicht könnte auch ich lernen, die Wand in der Nagelspitze zu spüren, den Nagel zu einem Teil meines Leibes in diesem Sinne zu machen, obwohl er nicht an mein Nervensystem »angeschlossen« ist (wie die Neurowissenschaftler sagen). Aber ich kann mir nicht vorstellen, dass ich Schmerzen im Nagel spüren könnte. Doch vielleicht ist das falsch. (Vielleicht kann *der andere Zustand* auch Schmerzen in anderen Wesen vermitteln.) Weil ich gelernt habe, mit ihm zu tasten, und deshalb in ihm Schmerzen lokalisieren kann, gehört der Daumen »zu mir«, der Nagel dagegen nicht. Ich kann den Hammer fallen lassen, meine Hand nicht. Deshalb gehört die Hand »zu mir«, der Hammer nicht. Versierte Skifahrer geben an, Empfindungen in den Spitzen ihrer Skier zu haben, und es ist möglich, künstliche Gliedmaßen als Teil des eigenen Körpers zu empfinden, wenn eine entsprechende Korrelation zwischen der optischen Wahrnehmung dieses künstlichen Gliedes und den eigenen Bewegungsintentionen stattfindet.

Etwas als Teil des eigenen Körpers zu empfinden scheint das Produkt einer »dynamischen Selbstorganisation des Gehirns« zu sein, wie die Wissenschaft sagt, das optische Sinneseindrücke teilweise durch dann (weil ja keine »Nervenleitung« vorhanden ist) illusionäre taktile Eindrücke ergänzt, wenn die entsprechenden Bewegungswahrnehmungen vorliegen. Illusionär sind diese Sinneseindrücke nicht für die Aufmerksamkeit selbst, sondern nur vom Standpunkt der von außen betrachtenden Wissenschaft: Wo keine nervöse Verbindung zwischen dem Gehirn eines Blinden und den Spitzen eines Blindenstocks oder den Spitzen der Skier und dem Gehirn einer Skifahrerin besteht, da kann es auch nicht »wirklich« eine Empfindung im Stock oder den Skiern geben für die Wissenschaft. Doch was ist eine wirkliche und was eine scheinbare Empfindung? (Ist die Empfindung *im anderen Zustand*, alles um mich herum »von innen« wahrzunehmen, eine Täuschung?) Wo kommen die Kriterien für diese Unterscheidung her? Ist die Empfindung im Traum nicht wirklich? Angenommen, ich erschrecke in einem Albtraum und erwache schweißgebadet. War dann dieser Schreck kein wirklicher Schreck, weil ich nicht wirklich einem brüllenden Bären gegenüberstand oder eine Klippe hinabfiel, sondern im Bett unter meiner Decke lag, wie die, die mich im Schlaf beobachtet haben, mir versichern? Sind die, die mich beobachten, diejenigen, die über Wirklichkeit und Schein meiner Empfindungen zu urteilen haben? Es gibt Schmerzpatienten, an deren Körper man keinen Schaden findet. Haben sie wirklich Schmerzen? Bilden sie sich ihre Schmerzen nur ein? Und was könnte es heißen, sich Schmerzen nur einzubilden? Sind eingebildete Schmerzen weniger schlimm als wirkliche? Ich bin in meinen Albträumen fast immer heftiger erschrocken als jemals im Wachen. Der Schreck im Traum ist nicht weniger erschreckend als der Schreck im Wachen. Und die Grenzen meines Körpers sind nicht fix, nicht allein durch die nervöse »Verdrahtung« garantiert, von der das empfindende Wesen ja nichts weiß, sondern nur diejenige Person, die den Leib des Empfindenden analysiert.

Doch wenn ich auf den Schmerz in meinem Daumen aufmerksam bin, *habe* ich nicht nur Schmerzen, sondern *beobachte* meine Schmerzen. Tatsächlich – doch das mag meine private Beobachtung sein, die andere nicht nachempfinden können – ist mein Schmerz weniger heftig, wenn ich ihn beobachte, als wenn ich ihn einfach habe oder ihn »bin«. Meinen Schmerz zu beobachten bedeutet, von ihm etwas *zurückzutreten*. Das gilt noch mehr für emotionale Probleme wie Wut, Eifersucht, aber auch für Gefühle, die wir positiv bewerten, wie Freude. Beobachte ich meine Freude, bin ich nicht ganz »in« meiner Freude, beobachte ich meine Wut, bin ich nicht nur wütend, sondern eben auch Beobachter. Die Geschichten, die sich an diese Empfindungen und Gefühle haften, können anhalten. Ich will nicht sagen, ich sei *eigentlich* dieser Beobachter, der zurücktreten kann von seiner Wut oder seiner Freude. Aber es gibt die Möglichkeit, sich dahin zu begeben, wo beobachtet werden kann, als sei da so etwas wie ein geistiger »Ort« der Distanzierung.

Hat die Aufmerksamkeit, in der der Schmerz in meinem Daumen erscheint, wenn ich den Nagel verfehle, eine Geschichte, vor der Geschichte, die sich aus den Zweckverfolgungen meines lebendigen Körpers in einer sprechenden Gemeinschaft ergibt? Das erscheint mir nicht plausibel. Denn »die Aufmerksamkeit selbst« lernt ja nichts, erwartet nichts, sondern »ich«, ein Einzelwesen, ein bestimmter Körper, muss wach sein, um zu lernen. Die Aufmerksamkeit, das Wachsein erscheint mir dagegen die Bedingung des Lernens zu sein, nicht das Subjekt, das vermeintlich lernt. Das Subjekt entsteht erst durch das, so scheint es mir, was gelernt wird, nachdem die Aufmerksamkeit durch den Körper und die Rede an die Kandare genommen worden ist. (Der Täter entsteht durch die Tat.) Weil ich wach bin, kann ich auf allerlei Verhaltensweisen, einschließlich der Rede, abgerichtet werden. Der Nagel scheint nicht wach zu sein. Der Hund, der lernt, das Stöckchen zu holen, dagegen schon.

Wenn ich tief schlafe, kann ich mich nicht mit einer anderen Person verbinden, die im Raum leise spricht. Ich höre sie nicht. Wenn ich wach werde, höre ich sie und kann mich mit ihr verbinden, vielleicht sogar antworten. Ist die Aufmerksamkeit die Fähigkeit, sich zu verbinden mit etwas, von dem ich getrennt bin, aber doch nicht ganz getrennt, jedenfalls nicht, wenn ich wach bin? Und war ich immer getrennt? War ich schon getrennt, bevor ich die Grenzen meines Körpers kannte? Oder bin ich auf eine Weise, die ich nicht verbalisieren kann, im traumlosen Schlaf mit allem verbunden? Ist es irgendwie im traumlosen Schlaf zu sein? Aber für wen? Ist mein Ich verschwunden im traumlosen Schlaf, aber noch ein Zustand da, der sich »irgendwie« anfühlt? Mir kommt es so vor, denn auch wenn ich aus einem traumlosen Schlaf erwache, habe ich das Gefühl, dass es mir (wem?) gerade sehr gut ging. Ein Säugling schläft und wird wach und schreit. In diesem sehr jungen Alter kennt das Kind noch nicht seine Körpergrenzen und hat noch keine langfristigen Pläne. Zu was erwacht es? Gibt es eine Phase im Leben von Menschen, in der noch kein »Ich« da ist, weder leiblich noch sprachlich, aber doch schon Wachheit, Aufmerksamkeit? Und gibt es dann eine andere Phase, in der die Aufmerksamkeit und noch zusätzlich »ein Ich« leiblich und sprachlich da sind, die dann aber wieder vorübergeht mit dem Tod und im Tiefschlaf unterbrochen wird? Ist die Aufmerksamkeit mit den Zwängen des Leibes und der Sprache »verklebt«, so, dass wir sie nicht unterscheiden können von den leiblichen und sprachlichen Bewertungen und Projekten, wie bei einer leuchtenden Ampel, bei der wir das farblose Licht nicht vom Rot oder Grün unterscheiden können, der Farbe des Glases, durch das es scheint? Ist die Aufmerksamkeit ein farbloses Licht, das durch unseren Körper und unsere Sprache fällt und dadurch eine bestimmte Färbung erhält (schmerzlich oder lustvoll, gut oder schlecht und so weiter)?

Ich nehme jetzt einmal an, es gäbe Grade der Wachheit. Denn so sprechen wir ja: »Lass mich mit diesem komplizierten Kram um diese Zeit am Morgen doch in Ruhe, ich bin noch nicht ganz wach!« Oder: »Wenn du durch diese Kurve fährst, musst du aber hellwach sein, damit dir nichts passiert!« Oder jemand auf der Straße ruft »Aufgepasst!«, um unsere Aufmerksamkeit zu wecken und auf eine Gefahr zu richten. Wir unterscheiden: »noch nicht ganz wach« – »wach« – »hellwach«. Wenn sich Aufmerksamkeit in der Fähigkeit zeigt, sich zu verbinden, vielleicht kann man sich dann manchmal mit etwas verbinden, manchmal nicht, manchmal kann einem etwas klar werden, dann wieder nicht. »Ich verstehe genau, was du sagst!«, mag die Hellwache sagen. »Was meinst du, ich bekomme das noch nicht auf die Reihe so früh am Morgen«, meint dagegen die noch nicht ganz wache Person. Gibt es eine Grenze der Wachheit? Könnte ich mich mit »allem« verbinden? Ist die Aufmerksamkeit, wenn sie nicht kanalisiert ist, die Verbindung von allem, die Verbindung der zehntausend Dinge, wie man auf Chinesisch sagt? Wenn die Aufmerksamkeit nicht durch den Leib und die Sprache ginge, nicht in diesen »Kanälen« flösse, was wäre ihr dann »zugänglich«? Alles? Wäre sie dann in einem »wacheren« Zustand? Wenn ich traumlos schlafe, ist dann die Aufmerksamkeit weg oder einfach nicht mehr in den leiblichen und sprachlichen Kanälen?

Die Aufmerksamkeit, das Wachsein scheint *vor* dem Lernen und Reden zu existieren. Denn ohne Aufmerksamkeit könnten wir ja nicht lernen, unseren Körper von den anderen Körpern zu unterscheiden, und uns nicht an das Reden und an die Strebevorgänge unseres Körpers und denen unserer Mitsprecher gewöhnen. Ohne die Aufmerksamkeit könnten wir nicht einmal Einzelnes fixieren, auf das die anderen zeigen und das sie mit einem Namen benennen. Ohne Aufmerksamkeit könnten wir nicht abgerichtet werden, sodass uns das und das als dieses da erscheint, das so und so zu bewerten ist. Doch ist die Aufmerksamkeit, wenn es sie geben muss, damit all das passiert, selbst etwas, was *erscheinen* könnte? Ist diese Frage nicht so absurd wie die nach dem Raum, in dem der Raum ist? Ist die Aufmerksamkeit nicht *vor* allem, was erscheint, oder *jenseits* der Unterscheidung von Sein und Schein, Einzelnem und Allgemeinem, Diskretem und Kontinuierlichem? Doch was könnte »vor« und »jenseits« hier bedeuten? »Vor der Tür liegt viel Schnee« und »Jenseits der Mauer beginnt der Garten« sind sinnvolle Sätze. Doch die Aufmerksamkeit befindet sich nicht in räumlichen Verhältnissen zu den Einzeldingen, sondern nur das, was in der Aufmerksamkeit erscheint, ist im Raum.

Alle lebendigen Einzelwesen, nicht nur Menschen, erscheinen auf dieser Welt mit einer eigenen Perspektive auf diese Welt, die sich aus der in einen Leib geratenen, fast möchte man sagen: gebannten Aufmerksamkeit ergibt; eine Aufmerksamkeit, die, nachdem sie in einem Leib »gefangen« worden ist, im Falle von Menschen auch noch an eine Gemeinschaft von Sprechenden gekettet wird, sodass die betreffende Person dann selbst zu anderen spricht, die Welt weitgehend so einteilt und bewertet wie sie und dauernd bewertend vor sich hin sprechen muss, so wie ich jetzt vor mich hin sprechen muss und das hier hinschreibe. (Ich schließe hier dauernd von mir auf andere, vielleicht unberechtigterweise.) Ich sehe nicht einfach etwas, sondern ich sehe einen alten oder jungen, einen hübschen oder hässlichen Baum. Alles wegen der bewertenden Rede. Auch das kleine Kind, das die Wörter »Baum«, »alt«, »jung«, »schön«, »hässlich« noch nicht kennt, nimmt wach etwas wahr, ist aufmerksam. Doch es kann kein alter schöner Baum sein, was es wahrnimmt. Wenn zwei Erwachsene, ein Baby und ein Hund im Freien in ein starkes Gewitter geraten, es blitzt und donnert, dann mag das Baby zu schreien anfangen, der Hund zu bellen und die Erwachsenen mögen sagen: »Es blitzt und donnert, wir müssen einen Unterschlupf finden.« Baby, Hund und Erwachsene reagieren auf das Blitzen und den Donner, doch nur die Erwachsenen verfügen über die Wörter dazu. Also kann man auch ohne die Wörter und den mit ihnen einhergehenden Bewertungen auf etwas aufmerksam sein. Wird nicht berichtet, dass Tiere ihre Aufmerksamkeit auf etwas richten, bevor Menschen es bemerken, einen kommenden Tsunami beispielsweise?

Alles, was *diese* meine Aufmerksamkeit möglicherweise von *anderen* Aufmerksamkeiten unterscheidet – wenn man denn von »vielen« Aufmerksamkeiten sprechen möchte –, könnte sich daraus ergeben, dass sie in einem anderen Leib kanalisiert worden ist oder in einer anderen Sprachgemeinschaft abgerichtet wird.

Doch müssen wir dieses Modell der in einem Leib »gefangenen« Aufmerksamkeit akzeptieren? Ist auch ein anderes, zweites, möglich? Kann es nicht auch sein, dass dieser Körper, »mein Leib«, nichts anderes ist als eine Art »Verwirbelung« dieser allgemeinen Aufmerksamkeit, so wie ein Strudel im Wasser eine Verwirbelung des Wassers ist? Sind die Schmerzen und Lustzustände, die durch meinen Leib »vor« oder »in« dieser Aufmerksamkeit erscheinen, vielleicht nichts anderes als die Symptome dieser Verwirbelung? Aber das ist nur eine Metapher. Hilft sie, »unsere Situation« zu verstehen?

Oder wäre es nicht auch drittens möglich: dass die Aufmerksamkeit nicht etwas ist, was »vor« dem Leib ist, sondern als eine Art Schaum »auf« dem Gehirn erst hinterher entsteht, wenn das Hirn seine elektrische Aktivität zu entfalten begonnen hat? Schließlich verlieren »wir« das Bewusstsein, die Wachheit, also die Aufmerksamkeit, wenn wir einen heftigen Schlag auf den Kopf bekommen, ins Koma fallen und bei anderen ähnlichen Umständen. Deshalb scheinen die meisten Neurowissenschaftler an dieses dritte Verhältnis zu glauben: die Aufmerksamkeit als eine Art »Sekret« des Gehirns. Tiefschlaf und die Bewusstlosigkeit scheinen für diese These zu sprechen, überhaupt alle Tatsachen, die belegen, dass Schwankungen der Aufmerksamkeit an unterschiedliche Hirnaktivitäten gebunden sind. Doch es scheint umstritten, ob im Tiefschlaf nicht doch noch ein Bewusstsein, eine Wachheit, eine Aufmerksamkeit da ist, vielleicht auf ein stehendes Bild gerichtet. Nahtoderfahrungen und tiefe Meditation, Zustände, in denen Menschen, deren Großhirn keine Aktivität mehr zeigt, dennoch ihre Aufmerksamkeit auf etwas richten können (ja sogar auf den eigenen Leib, der medizinisch behandelt wurde), sprechen gegen diese letzte Annahme.

Oft wird hier die Unterscheidung von »subjektiv« und »objektiv« ins Spiel gebracht. »Subjektiv«, wird gesagt, »sind Menschen vielleicht der Meinung, im Tiefschlaf, der Nahtoderfahrung, der tiefen Meditation noch auf etwas aufmerksam gewesen zu sein, doch objektiv war das nicht der Fall. Denn die höheren Hirnfunktionen waren nicht nachweisbar.« Doch was soll das heißen? Kann man hier eine empirische Entscheidung herbeiführen in einer Art *experimentum crucis*? Sind hier nicht, was wir »Subjektivität« und »Objektivität« nennen, auf eine unentwirrbare Weise vermischt? Und setzt eine experimentelle Untersuchung von Zusammenhängen in der Wirklichkeit nicht voraus, dass wir die Elemente dieser Zusammenhänge fein säuberlich voneinander trennen und objektivieren können, um zu entscheiden, was was beeinflusst? Brauche ich nicht die ganze »Maschinerie« von Einzelwesen, Kausalität und Zeit, um zu sagen, was objektiv was beeinflusst, hervorgebracht, verursacht hat? Und was, wenn jenseits dieser Maschinerie Aufmerksamkeit ist?

Mir scheint, ich kann nur sagen: Gefangenschaft der Aufmerksamkeit im Leib, Verstrudelung der Aufmerksamkeit zu einem Leib, Aufmerksamkeit als auf dem Hirn entstehender Schaum – das sind ja wohl alles nur Metaphern, bildhafte Reden! Die theoretischen Vorlieben scheinen sich hier aus Vorlieben in den »Pfaden der Rede« zu ergeben. Doch ich habe mein Gehirn und seine Aktivitäten nie wahrgenommen, nur gehört, dass so etwas in meinem Kopf sein muss, weil es in allen menschlichen Köpfen ist. Ich zweifle nicht daran, dass das Innere meines Schädels für Beobachter so ähnlich aussieht wie das Innere all der Schädel, die bei Exemplaren der Gattung *Homo sapiens* schon geöffnet worden sind. Was ich selbst jedoch wahrnehme, sind mein Gesicht im Spiegel, meine Hände, mein Bauch, meine Füße, wenn ich an mir hinabschaue, die Schmerzen und Lustzustände in diesem Gebilde, das ich meinen Leib zu nennen gelernt habe, und die zehntausend anderen Dinge der Welt »da draußen«, wie wir sagen. Ich bin noch nicht gestorben und weiß nicht, ob auf das Schwächerwerden der Aufmerksamkeit beim Absinken in die Bewusstlosigkeit vielleicht ein erneutes Erwachen folgt. Hat »folgen« hier überhaupt einen Sinn? Kann davon nicht nur aus der Perspektive der Einzelnen gesprochen werden, die in Ursache-Wirkungs-Zusammenhängen und der Zeit leben? Ein Erwachen aus diesen Zusammenhängen wäre nicht das von jemandem, und es wäre nicht später als die Zustände von jemandem. Und was würde eine solche Erfahrung helfen, würde sie in meine Erinnerung treten? Sie bliebe meine »private« Erfahrung (obwohl sie ja gar keine Erfahrung von »mir« gewesen wäre), die andere für eine Halluzination halten könnten, die ein Sauerstoffmangel im Hirn verursacht. Denn auch die Unterscheidung von »privat« und »öffentlich« lernen wir, wenn wir über unsere Erfahrungen reden: »Das war nur meine Erfahrung, das mit meinem Bruder, das kannst du nicht nachvollziehen« und »Das hat doch jeder schon erfahren, dass er enttäuscht worden ist«. So reden wir. Doch wenn ich die Aufmerksamkeit von den Einzelwesen abtrenne und von der Rede, dann verschwindet auch die Unterscheidung zwischen »privat« und »öffentlich«, dann verschwindet die Möglichkeit von »Beweisen« durch eine allen zugängliche Erfahrung. Das Spiel der Beweise ist eines in der Rede zwischen den Einzelwesen.

Wenn ich ganz still werde und auf das, was in meinem Leib pocht und sticht, streicht und fließt, achte, auf diese oder jene Rede horche, die in meinem Kopf erscheint, was ist »es« dann, was da fühlt und lauscht? Was ist es, was da aufmerkt? Kann die Aufmerksamkeit (wie von Simone Weil vermutet worden ist) vom Streben des Körpers und den bewertenden Reden *ganz* zurücktreten? Und »wohin« tritt sie dann? Aber vielleicht ist das eine unsinnige Frage. Muss alles irgendwo sein? Ist das, was dann aufmerkt, auch das, was in meinem Leib verwirbelt ist oder dessen Verwirbelung mein Leib ist? Das scheint mir nicht plausibel angesichts der Fähigkeit der Aufmerksamkeit, sich von diesem Leib und seinen Zuständen zu distanzieren.

Es gibt Kippbilder: den Neckerwürfel oder Wittgensteins Hasenente; wir sehen Linien als etwas. Ist es möglich, nur die Linien zu sehen, keinen Würfel, keine Ente, keinen Hasen, einfach aufmerksam zu sein, ohne begrifflich einzuordnen und entsprechend etwas zu erinnern oder zu erwarten? Wäre das Kontemplation?

Geschichten und Bilder, Träumen und Wachsein

Mein Leib hat eine Geschichte. Er war zuerst klein, wurde dann größer und kräftiger und wird verfallen in nicht allzu ferner Zukunft. Als ich klein war, sollte ich groß und kräftig werden. Das war die Erwartung von Ärzten und Eltern. Weil »ich« zu früh geboren wurde, wie man mir erzählte, wog ich zunächst zu wenig. Sie legten »mich« auf eine Waage und notierten »meine« Gewichtszunahme in einem Heft, um zu kontrollieren, ob »meine« körperliche Entwicklung auch gut vorangehe. Darin kann ich heute noch blättern. Später wurde ich immer wieder getestet: »meine« Intelligenz, »meine« Fähigkeit zu lesen, zu schreiben, zu rechnen, schnell zu laufen, ob ich in einer fremden Sprache reden, ein Auto lenken kann …

Menschen sollen »wachsen« wie Tulpen. Die sogenannte Entwicklung soll gefördert, das, was in der Rede »Verfall« heißt, der Prozess, in dem Fähigkeiten verschwinden, dagegen möglichst verhindert oder, weil das letztlich nicht geht, immerhin verlangsamt, verzögert werden durch das Einhalten der richtigen Diäten, die Pflege sozialer Kontakte, das Lösen von Sudokus, sportliche Betätigung. Es gibt in der Gemeinschaft der Redenden *Entwicklungsziele* für den Leib und das Handeln, die man verfehlen oder treffen kann, wie Schlank-Sein, Muskulös-Sein, Geschickt-Sein und so weiter, relativ zu den »Standards« des jeweiligen Alters.

Auch sehe ich im Spiegel in meinem Gesicht die Spuren meiner Geschichten, nicht nur meiner »leiblichen« Historie, sondern auch, bis zu einem gewissen Grad, die meiner Gefühle und Gedanken. Denn auch mein Reden und meine Verhältnisse mit den anderen Redenden haben ja Geschichten, die in meiner »Innenwelt« (was immer das auch ist) wiederum eigene Geschichten auslösen, Geschichten meiner bewerteten Erinnerungen, Hoffnungen, Erwartungen, Befürchtungen. Das, was ich bin, erschöpft sich scheinbar in diesen Geschichten. Denn es ist schwer, einen Gedanken zu fassen, etwas wahrzunehmen oder zu fühlen, das *nicht* Teil einer dieser Geschichten ist. Genau genommen sind es aber sehr viele Geschichten, die »mich« auszumachen scheinen und die ich nicht in einer einzigen großen Geschichte unterzubringen vermag.

All diese Geschichten werden erzählt mit den Allgemeinbegriffen und den Bewertungen der Rede, die ich gelernt habe. Dass es gut ist, groß und stark zu werden, dass es schlecht ist, zu schrumpfen und schwach zu werden, und vieles anderes mehr ist mir beigebracht worden in meiner Gemeinschaft der Redenden. Ihre Allgemeinbegriffe und die mit ihnen einhergehenden Bewertungen »schneiden mich aus« aus der Wirklichkeit und bestimmen irgendwann meine Erfahrungen, indem ich das, was mir begegnet, ebenfalls »ausschneide«. Wann beginne ich, wann ende ich nach meinen Erfahrungen mit dieser »Ausschneidetätigkeit«?

Ich kann mich nicht an meine Geburt erinnern. Ich werde mich vielleicht auch nicht an meinen Tod erinnern können. Über meine Geburt ist mir erzählt worden. Über meinen Tod werden andere sprechen (vielleicht). Was also »gehört« zu mir von diesen Geschichten und was nicht? Hatte mein Großvater nicht schon die Ohren, die auch ich habe? Hatte die Mutter nicht schon die Angewohnheit, dauernd die Möbel in der Wohnung umzustellen? Spreche ich nicht mit demselben Akzent wie der Vater? Haben also meine Ohren, meine Gewohnheiten und meine sprachliche Intonation schon vor meiner Geburt existiert? Hat mein Sohn nicht meine Nase, die Lippen seines Großvaters, die Beharrlichkeit seiner Mutter? Setzt sich in ihm also nicht etwas fort, lange nach dem Tod seiner Vorfahren? Vielleicht vergesse ich irgendwann, bevor mein Herz stehen bleibt und mein Hirn nicht mehr »funkt«, die Geschichten, die ich mir selbst und die mir andere erzählt haben, laufe und stehe in den Augen anderer nur noch so orientierungslos herum. Bin ich dann gestorben?

Wann unser Leben begonnen hat und auf was es hinauslaufen sollte, wird uns in den Reden durch andere mitgeteilt, die ihre Bewertungen und Zielvorstellungen auf uns übertragen (der Pilz der Rede). Wir erkennen und wählen es nicht selbst. Entsprechend habe auch ich *Projekte* entwickelt, die auf diesen Bewertungen und Zielvorstellungen beruhen. Wie andere Menschen auch, spreche ich von Entfaltung, Entwicklung, Wachstum. »Man« muss sich entfalten können, in einer Partnerschaft »soll man wachsen«, auch »im Alter« kann man sich »noch entwickeln«, so heißt es. Möglichkeit und Wirklichkeit: Man soll seine Möglichkeiten nutzen und sich verwirklichen. Weiß ich, was das bedeutet, wenn ich einmal von den Reden in meiner Gemeinschaft ein wenig Abstand nehme? Weiß ich, seit wann Lebensgeschichten mit diesen Mustern bewertet und entsprechend diesen Bewertungen erzählt werden? Seit 50, seit 100, seit 500, seit 2000, seit 10 000 Jahren? Ich habe keinen Schimmer! Wenn ich die »normale« Gestalt einer Pflanze nicht kenne, weiß ich nicht, ob sie gerade »verkümmert« oder schon »fertig« ist, ob sie sich gerade »entfaltet«, ob sie noch wachsen wird oder nicht. Was ist die »normale« Geschichte eines menschlichen Lebens? Gibt es die, unabhängig von den Bewertungskriterien der Sprachgemeinschaft oder der Biologen? Ist eines, in dem es viel Leid gibt, normal oder eines, in dem es wenig Leid gibt? Welche Maßeinheiten habe ich für Leid? Ich wüsste keine. (Auch wenn die Utilitaristen mit ihren fiktiven Einheiten herumrechnen.)

Vielleicht dienen diese bewertenden Reden über Lebensgeschichten der Anpassung an eine Welt, in der redende Menschen zu überleben haben: »Man« sollte ein Alter erreichen, in dem man sich fortpflanzen kann. Dann ist man vermeintlich ein »normaler« Mensch, wenn man in diesem Fortpflanzungsstadium angekommen ist. Man sollte nicht vorher wieder verschwinden. Warum? Sind wir unserer Gattung oder Gott Nachkommen schuldig? Wer verpflichtet uns auf biologische Zwecke? Und was bedeutet diese Rede unabhängig vom Streben nach Überleben und Nachkommen? Mir scheint: nichts! Der Hammer ist gemacht worden, um den Nagel in die Wand zu schlagen. Wozu sollte »ich« gemacht worden sein? Meine Zunge ist zum Schmecken da, meine Hände sind zum Greifen und meine Augen zum Sehen da. Aber ich? Bin ich »ein Organ« in etwas Größerem? Das scheint mir unplausibel. Dies scheint mir einfach eine gedankenlose Fortsetzung einer Um-zu-Reihe: »Wenn alles ›an dir‹ für etwas gut ist, musst auch du für etwas gut sein.« Der Schluss vom Teil auf das Ganze ist ein Fehlschluss: »Alle Backsteine des Hauses sind Quader, also ist das Haus ein Quader.« Außerdem: Bin ich die »Ganzheit« meiner Organe? Wenn der Hammer taugt, um den Nagel in die Wand zu schlagen, ist er ein guter Hammer, wird seinem Zweck gerecht. Unabhängig von diesem Bestreben haben die Bewertungen von »gut« und »schlecht« keinen Sinn. Der Hammer ist unabhängig von unserem Vorhaben nicht auf gute oder schlechte Weise auf den Nagel bezogen. Was soll es heißen, dass meine Geschichten »gute« oder »schlechte« Geschichten sind, dass sie »etwas gerecht« werden müssen? Geschehen sie nicht einfach? Doch wie sollte ich meine Geschichte erzählen als eine, die einfach geschieht, ganz ohne die Bewertungskriterien, an die ich in meiner Gemeinschaft gekettet worden bin? Ich kann ja nicht erzählen, ohne diese Redebestandteile dieser Gemeinschaft, ohne ihre Bewertungskriterien!

In Träumen schien mir die zeitliche Ordnung meiner Lebensgeschichte durcheinanderzukommen. Mir kamen Zweifel, dass sie einfach so geschieht, eins nach dem anderen, sich dieses aus jenem ergab, nachdem ich bestimmte Träume erlebt hatte. Zwei Träume wiederholten sich in meiner Kindheit mehrere Male. Der eine Traum sogar so oft, dass ich vor dem Einschlafen fürchtete, ich müsse wieder durch ihn »hindurch«. In beiden Fällen erschienen mir in meinem wachen Leben Fragmente aus meinen Träumen wieder. Und beide

Male waren es Albträume, deren Atmosphäre ich noch viele Jahre später spürte, von der Vorschulzeit in die Zeit des Erwachsenenalters. Sogar heute stellen sich mir die Haare auf meinen Armen auf, wenn ich von diesen Träumen erzähle.

Der erste spielt im Hof des Mietshauses, in dem meine Familie während meiner Kindheit gewohnt hat. In der Mitte dieses Hofes stand ein großer, moosbewachsener runder Tisch aus grauem Stein. Er war zu groß, als dass ich damals auf seine Platte hätte schauen können. Er erinnerte mich an einen Elefanten. Ich konnte diese Platte nur vom Balkon unserer Wohnung im ersten Stock des Hauses sehen. In den Ecken dieses Hofes gab es Rhododendren, Efeu, Farn. Meist roch es feucht und nach Erde, denn die Sonne fiel nur im Sommer in diesen an drei Seiten von hohen Gründerzeithäusern umgebenen Hof. An der vierten Seite ragte die Ziegelsteinwand einer alten Fabrik mit einer großen Werbung in Schreibschrift für einen Kaffee auf. Wie lautete sie nur? Sigmund-Kaffee? Caro-Kaffee? Kaffee Hag? Ich weiß es nicht mehr, müsste wieder in den Hof zurück, um das zu klären. Der Schriftzug in Weiß ging von links unten nach rechts oben. Kann ich mich an diese Werbung erinnern aus einer Zeit, bevor ich lesen konnte? So scheint es mir heute. Erinnere ich die Schrift, aber nicht ihre Bedeutung? Wie sollte das gehen? Müsste ich nicht jetzt, wo ich lesen kann, den Schriftzug meiner Erinnerung entziffern und lesen können, was da stand? Eine graue steinerne Treppe mit einem schwarzen Eisenrohr als Handlauf führte in eine Waschküche hinab. Manchmal ging ich mit meinem Albino-Meerschwein Adolar und meinem blauen Dreirad in diesen Hof hinunter und ließ das mir liebe Tier dort ein wenig umherlaufen, während ich mit dem Dreirad herumfuhr, meist um den Tisch herum. Das Tier raschelte unter den Blättern. Manchmal gab es genussvoll Quieklaute von sich. Dann träumte mir, dass ich wieder einmal in diesem Hof sei. Mein Meerschwein war jedoch nicht dabei, ich war allein und stand in der Nähe des steinernen Tisches. Es herrschte ein merkwürdiges Licht, unentschieden, ob Tag oder Nacht sei, ein Licht, wie es es sonst nicht gab. Schon deshalb war mir bang zumute. Da erschien ein kleines Männchen mit einem roten Kapuzenmantel, die Kapuze über den Kopf tief ins Gesicht gezogen. Trotzdem glaubte ich zu erkennen, dass es ein sehr, sehr altes Wesen war, das da in den Hof getreten war. Ich erschrak fürchterlich und versuchte mich zuerst vorsichtig zu entfernen, vielleicht hinter oder unter dem steinernen Tisch zu verstecken, während ich das Männlein nicht aus den Augen ließ, in der Hoffnung, dass es mich vielleicht nicht entdeckt. Doch als ich mich bewegte, wurde es auf mich aufmerksam und rannte auf mich zu. Ich lief ebenfalls los, floh weg vom Tisch, um irgendeinen Fluchtweg ausfindig zu machen, denn mir war klar, das Männlein wollte mich fangen und etwas Fürchterliches mit mir anstellen. Doch ich fand keinen Ausgang. Ich lief im Kreis auf der äußersten Bahn des Hofes. Wir drehten Runde um Runde. Da waren plötzlich an einigen Stellen Gitter unter mir. Wenn ich über sie lief, hallte es, als öffnete sich unter ihnen eine große Tiefe. Ich kannte diese Gitter, die hochgeklappt wurden, wenn über Rutschen Briketts oder Kohlen durch Luken in die Keller geschüttet oder wenn Kartoffelsäcke in die Kartoffelkeller abgeladen wurden. Wenn ich an der Hand meiner Mutter die Straße entlangging, führte mein Weg manchmal entlang der Fassaden über diese Gitter. Ich verlangsamte dann meine Schritte, weil ich unsicher war, ob die Gitter wirklich halten würden, ob die schmale Steinkante im Trottoir, auf der sie auflagen, auch wirklich fest genug war. Wenn ich vorsichtig und langsam über die Gitter ging, gerieten mein linker und der rechte Arm von ihr, die mich an der Hand hielt, in eine Streckung, spannten sich wie ein Seil, das bisher locker durchgehangen war, weil sie in der gleichen Geschwindigkeit fortmarschierte und ich zurückblieb. »Komm!«, rief sie. In Wirklichkeit befanden sich diese Gitter also nicht auf der Rückseite der Häuser zum Hof hin, sondern auf der Vorder-, der Straßenseite, wo die Wagen der Kohlen- und Kartoffelhändler halten konnten. Doch im Traum war es anders. Der Zwerg mit dem roten Kapuzenmantel näherte sich mir immer mehr. Ich verlor langsam den Atem, meine Beine wurden schwach. Als er mich fast erreicht hatte und ich wieder über ein solches Gitter rannte, öffnete es sich nach unten, was in der wirklichen Welt ja unmöglich, jedoch von mir immer wieder befürchtet worden war, und ich fiel in einen tiefen Schacht. Bevor ich irgendwo in der Tiefe aufschlug, erwachte ich mit Herzklopfen. Hatte ich mir im Traum selbst einen Ausweg aus der Verfolgung erdacht durch die Verlagerung der Gitter von der Vorderseite unseres Hauses in den Hof? War das Fallen gar nicht ein Sturz ins Nichts, sondern eine Befreiung? Oder war der Traum nur die Wiederholung meiner Furcht vor den Gittern, verstärkt durch die Gestalt des Männleins? Und was für ein Wesen war dieses Männlein überhaupt? Ein Symbol für männliche Geschlechtlichkeit, wie später psychoanalytisch informierte Freunde behaupteten, denen ich von dem Traum erzählte? Konnte ich die mit vier Jahren bereits fürchten? »Wir fallen durch den Schacht der Zeit«, hatte Thomas Lehr einmal zu mir gesagt, »bis wir aufschlagen.« Wo schlagen wir auf? Ist der Tod ein Aufschlagen oder ein Weiterfallen, vielleicht ein beschleunigtes? War das ein Todestraum? Ging es um die Beschleunigung des Fallens? Jahre später dachte ich, nach der Bemerkung von Thomas Lehr, dass der Tod eine Beschleunigung sein könnte. (Doch wer würde da beschleunigt?) Blieb die Zeit stehen, wenn die Lichtgeschwindigkeit in diesem Beschleunigungsvorgang erreicht worden war? Sind die Todes- und Fallträume solche Beschleunigungsträume? Aber was sollte das Männlein dabei? War es ein Geschlechts- und Todestraum?

An einem regnerischen Montag erschien eine Mitschülerin in der Grundschule in einem glänzend roten Regenmantel mit der Kapuze auf dem Kopf im Klassenzimmer. Sie war die Tochter eines Ehepaars, das einen kleinen Laden betrieb, in dem wir Schüler Süßigkeiten und anderen Kinderkram kauften: Weingummischlangen, Brausepulver, Lakritzschnecken, Gruselbilder, Wasserpistolen. Ich erschrak, als sie in die Klasse trat. Der Traum, den ich vor meiner Schulzeit mehrere Male träumen musste, war mir plötzlich wieder gegenwärtig. Viele Jahre später sah ich als Student in einem Programmkino den Horrorklassiker *Wenn die Gondeln Trauer tragen,* in dem sowohl ein Mädchen in einem roten Regenmantel, wie ihn meine Mitschülerin trug, umkommt, wie auch ein mörderischer, in einen solchen Mantel gekleideter Zwerg sein Unwesen treibt. Auch in den Köpfen der Hauptfiguren des Films, den Eltern des Mädchens mit dem roten Regenmantel, scheint die Zeit während eines Aufenthalts in Venedig durcheinanderzugeraten. So erging es dann auch mir, als ich das Kino verließ und auf die nächtliche regennasse Straße trat. Meinen Kindheitstraum erinnernd erschien es mir, als hätte er mir eine »Botschaft« über meine Zukunft geschickt, als seien der Traum, den ich vielleicht 1965 und 1966 mehrmals geträumt hatte, meine Mitschülerin, die 1968 oder 1969 im roten Regelmantel in die Klasse trat, und dieser Film aus dem Jahr 1973, den ich 1982 sah, ineinander verwoben, als verwiesen sie aufeinander, als sei mein Leben, das sich mir als eine Abfolge darstellt, in einem anderen »Medium« längst abgespeichert und »stünde dort« als ein festes Muster. Doch wie sollte das gehen? War der Film, dachte ich auf dem Weg zurück in mein Studentenzimmer, eine persönliche Botschaft an mich, eine Botschaft an meine Vergangenheit in der Primarschule und an meine Träume in der Vorschulzeit? Doch was sollte das sein, eine »Botschaft an meine Vergangenheit«? Für einen Moment glaubte ich, verrückt zu werden, wie die, die an Verfolgungswahn leiden und überall Zusammenhänge, Bedeutungen und Botschaften sehen! Warum war mir die Wiederholung von etwas manchmal selbstverständlich oder geradezu gemütlich (das immer gleiche Frühstück, der immer gleiche Spaziergang) und manchmal merkwürdig, ja sogar unheimlich, wie diese kleinen, in dasselbe glänzende Rot gewandeten Wesen, die immer wieder auftauchten? Warum überkam mich das Gefühl, meine Lebenszeit geriete durcheinander? Lag es an den Traumbildern, die in diese Wiederholungen verwoben waren? Warum kommen einem bestimmte zufällige Wiederholungen und Koinzidenzen bedeutungsvoll vor und andere nicht?

In dem anderen Traum, den ich als Vorschulkind mehrmals träumte, verirre ich mich in meiner Heimatstadt auf dem Rückweg vom Turnen. Ich trage den blauen Turnbeutel über der Schulter und gehe unter gelb leuchtenden Laternen die Straße entlang. Irgendwie habe ich den Weg verloren, den ich eigentlich kenne. Ich verstehe nicht, wie das geschehen konnte. Es wird schon dunkel, ja Nacht, und ich hetze plötzlich weinend durch die Straßen und suche fieberhaft nach dem Heimweg, weil mir klar wird, dass ich völlig von der richtigen Strecke abgekommen sein muss. Als ich auf eine Häuserzeile stoße, die mir bekannt vorkommt, zieht eine Frau, die aus einem Fenster lehnt, meine Aufmerksamkeit auf sich. Sie lächelt mir zu, scheint freundlich. Sie ist schon alt und in eine grob gestrickte Jacke gehüllt. Merkwürdigerweise gibt es keine Tür in diesem Haus. Unter dem Fenster, aus dem die Frau herauslehnt, die mich unverwandt anschaut, ist zwar ein doppelter Treppenaufgang, der aber auf einem von einem schwarzen, eisernen Geländer eingefassten Absatz endet. Ein Eingang ist nirgends zu sehen. Plötzlich wird mir auch klar, dass die Frau viel zu groß für das Fenster ist. Ihr Kopf ist ja fast so groß wie das ganze Fenster! Sie muss eine Riesin sein! Diese Frau ist gar kein »echter« Mensch, erkenne ich schlagartig. Die mir da zulächelt, ist ein ganz *anderes* Wesen als ein Mensch. Sie sieht nur so aus wie ein Mensch! Sie wohnt auch nicht in diesem Haus. Sie kommt aus einer anderen Welt. Das ist auch kein echtes Haus, es hat ja gar keine Tür. Sie schaut da nur heraus, weil sie mich anlocken will, weil sie es auf mich »abgesehen« hat. Ich bin, wird mir schlagartig klar, in eine gespenstische Gegend geraten. Hier ist alles falsch, nur Schein. Ich bin verloren. »Wie soll ich von hier bloß wieder heimkommen. Ich kann unmöglich wieder nach Hause finden!« Ich erschrecke furchtbar, bin verzweifelt und wache auf. Das Traumbild der viel zu großen Frau, die aus dem Fenster über dem Treppenaufgang schaut, der zu keiner Tür führt, hat sich mir eingeprägt, genauso das panische Gefühl, in eine Scheinwelt geraten zu sein.

Über 50 Jahre später war ich mit einer Frau befreundet, die in einem Haus wohnte, vor dem eine Treppe mit einem schwarzen, eisernen Geländer zu einem Absatz führte, wo man vor einer schweren Holztür stand. Sie wurde mir mehrmals auf mein Läuten hin von der Frau mit einem Lächeln geöffnet. Ich erschrak, als ich diesen Treppenaufgang zum ersten Mal sah, einerseits, weil ich mich an den Kindertraum erinnerte, andererseits, weil es mir schien, als hätte ich in diesem Traum genau den Ort, an dem ich mich erst jetzt tatsächlich aufhielt, schon einmal gesehen. Wenn ich die Frau besuchte und auf dem Absatz wartete, dass sie die Tür öffnete, nachdem ich geklingelt hatte, war mir unheimlich zumute. Ich dachte: »Hier warst du doch schon einmal! Das kennst du doch alles! In was bist du hier nur hineingeraten? Das ist alles nicht wirklich!« Wenn ihr lächelndes Gesicht in dem sich öffnenden Türspalt erschien, fragte ich mich, ob es das Gesicht der Riesin aus der anderen Welt meines Vorschulkindertraumes war. Wieder geriet mein Zeitgefühl durcheinander. Wieder dachte ich, dass mir als Kind im Traum schon gezeigt worden war, was mir erst später widerfahren wird.

In beiden Fällen verursachte die scheinbare oder wirkliche Wiederholung der Wahrnehmung in mir einen Schrecken, das *Gefühl des Gefangenseins in einem Muster*, von dem ich zuvor fälschlicherweise meinte, es sei eine Sukzession, eine Geschichte, die einmal an ein Ende kommt, was aber gar nicht der Fall ist. »Du bist gar nicht in einer Geschichte«, dachte ich später, »sondern in einem stehenden Bild. Du bist in einem Bild gefangen! Du musst raus aus diesem Bild!« Manchmal scheint es mir, als sei dieses Gefühl (oder diese absurde Hypothese), ich sei Bestandteil eines ewigen schlimmen Musters, aus dem ich nicht herausfinde, in meinem Leben als Hintergrund bis zu einem bestimmten Zeitpunkt immer gegenwärtig gewesen. Was ist der Unterschied zwischen einer Geschichte und einem Traum, der in der Erinnerung zu einem Bild gerinnt? Mehr als 20 Jahre nach diesen Träumen entdeckte ich die Formulierung, dass man »sein Leben unter ein Bild stellt«, die Ludwig Wittgenstein in seinem Vortrag über Religion verwendet. Vielleicht kann das eigene Leben auch in ein Bild geraten, beispielsweise in so ein Traumbild. Dann wird es unter ein Bild gestellt, das man selbst nicht gewählt hat, sondern das »über einen kommt«, das vielleicht das sogenannte »Unbewusste« (was immer das ist) hervorbringt. Geraten durch eindrückliche Träume oder traumatische Erlebnisse wie einen schweren Unfall oder schreckliche Kriegsereignisse die Leben vieler Menschen unter den Einfluss »schlimmer Bilder«? Kann man es dann auch unter ein anderes Bild stellen, bewusst und nach eigener »Wahl«? Kann man ein altes schlimmes Bild »auslöschen« und ein neues hilfreiches »einführen«?

Denn es gibt ja auch andere Bilder als die aus diesen Träumen, heitere, nicht geträumte. Manchmal, wenn auch selten, kann ich aus den Bewertungen, die von den anderen über unsere Lebensgeschichten geworfen werden, wie auch aus diesen merkwürdigen Erinnerungen und unvernünftigen Befürchtungen heraustreten und etwas wahrnehmen, ohne dabei an die Geschichten meines Körpers, meiner Gefühle und Gedanken oder die Geschichten derer denken zu müssen, mit denen ich in den Reden eine Weile das Leben teile, ohne dass sich also wieder Erinnerungen, Hoffnungen und Befürchtungen neben das, was ich gerade wahrnehme, stellen, es »verstellen«, möchte ich fast sagen. Solche seltenen Momente geschehen etwa auf einem Spaziergang, wenn mir ein Baum auffällt oder eine Wolke am Himmel und ich sie eine Weile betrachten kann.

Einmal, ich war Ende 30, sah ich aus dem Dachfenster meines Zimmers in den Garten, nachdem ich sehr lange mit geschlossenen Augen stillgesessen, zuerst auf meinen Atem und dann die Empfindungen in meinem Körper geachtet hatte. Von einem Ginkgobaum, der neben einem Teich stand und bei dem einige große Äste abgestorben waren, weil seine Wurzeln verletzt worden waren, sah ich einen Vogel auffl iegen, über den Gartenkiesweg, hinüber zu einem Pflaumenbaum, von dem ich schon oft im Herbst die Früchte gepflückt hatte. Es war nur ein Moment am frühen Nachmittag. Dieser Flug war keine Geschichte, nur ein Ereignis, wie man so sagt. Doch erschien er mir, im Nachhinein, trotz der Bewegung des Vogels (ich weiß, dass ich in Paradoxien rede), zeitlos, als eine Art ewiges Muster. Nicht eines, das irgendetwas in meinem Leben antizipierte oder mit einer Erinnerung zusammenschnürte. Es war, als werde mein Leben unterbrochen, vollständig, ohne dass ich einschlief. Alles erschien mir in einer erstaunlichen, mich erleichternden Genauigkeit, Prägnanz und Nähe, als seien diese beiden Bäume und der Vogel, der ganze Garten, Teil meines eigenen Körpers, als hätte sich mein Körper ausgedehnt, während gleichzeitig alle Geschichten meines Lebens ausgelöscht worden seien. Der Baum, von dessen rauem, duftendem Ast der Vogel sich erhoben hatte, seine Schwingen, mit denen er die Luft nach unten drückte, und der glatte, schimmernde Ast des Pflaumenbaumes, auf dem er wieder landete, erschienen deutlicher, prägnanter, als »normalerweise« sogar mein Arm oder mein Fuß mir erscheinen, wenn ich auf sie achte. Dieser Moment, der gleich wieder vorbei war und von dem ich nur noch die Beschreibung erinnern kann, die ich mir später von ihm festzuhalten versucht habe, nicht jedoch das Gefühl, wenn es denn ein solches war, das sich eingestellt hatte, stimmte mich sehr heiter; auf eine Weise, die einen Besucher kurz danach erstaunte, als erkenne er mich nicht wieder. »Was ist denn mit dir los?«

Jetzt, im Nachhinein, möchte ich sagen, dass da eine Art »umgekehrtes« Geschehen sich eingestellt hatte wie beim Traum vom Sich-Verirren und von der Frau am Fenster, deren Unwirklichkeit mich hatte erschrecken lassen. Eben, so sagte ich mir, als ich wieder »bei mir« war, nach diesem Moment in einem anderen Zustand (wer war in diesem Zustand?), war das »Gegenteil« von Verirren und Erschrecken geschehen. Doch was sollte das heißen? Ich war nicht in eine »falsche Welt« geraten, allein und orientierungslos. Vielmehr waren die Möglichkeiten, dass so etwas überhaupt geschehen könnte: Verirrung, Sich-nicht-zu-Hause-Fühlen, schlagartig verschwunden.

Nun weiß ich, dass meine Nerven nicht mit Bäumen und Schwingen von Vögeln in meinem Garten verbunden sind. Wie können da die Bäume, Vögel und die Luft, durch die sie fliegen, »von innen« empfunden werden, wie es mir schien (oder wie ich mich gezwungen sehe zu reden, wenn ich mich zu erinnern versuche)? Muss das nicht eine Täuschung gewesen sein? Wie wäre es gewesen, wenn ich nach so einem langen Sitzen aufgestanden und »dasselbe« passiert wäre, während ich mit einem Hammer einen Nagel in die Wand schlage? Hätte es dann eine Empfindung des Nagels und Hammers »von innen« gegeben, so wie ich meine Hand oder den Daumen, auf den ich mir schlage, schmerzhaft fühle? War die Wahrnehmung der beiden Bäume und des Vogels so wie die eines künstlichen Armes, den »mein Gehirn« mit meinem wirklichen Arm »verwechselt« (wie in dem schon erwähnten Experiment des Philosophen Thomas Metzinger)? War ich also einem »Trick« meines Hirns erlegen? Wer weiß, was dieses lange Stillsitzen mit dem Kopf alles macht! Vielleicht hat es dieselbe Wirkung wie halluzinogene Drogen. Ich hatte nicht das Gefühl eines Tricks, im Gegenteil, aber was heißt das schon. Was für ein Gefühl war da gewesen, warum war es nicht festzuhalten wie die Gefühle im Verlauf meines Lebens? Es trat eine große Erleichterung ein, noch im Nachhinein, eine Erleichterung, als sei ich von etwas befreit worden. So, als hätte ich gedacht, ich müsste noch eine Menge Schulden begleichen oder sei an einer schlimmen Krankheit erkrankt und jetzt stellte sich heraus, dass das alles ein Irrtum war, dass es gar keine Schulden und keine Krankheit gibt. Doch wer war hier von was befreit? Mein Leben, ich, schien kurz angehalten zu haben. Auch die Unterscheidung zwischen Wahrheit und Schein war verschwunden. Es gab nichts anzustellen mit diesem Ereignis. Es stand für nichts. Nichts folgte aus ihm. Deshalb war es auch völlig irrelevant, ob es »von außen« nach den Kriterien der Psychologie oder der Neurophysiologie als eine Illusion oder eine wahrheitsfähige Wahrnehmung einzustufen war. Denn bei dieser Unterscheidung geht es ja immer darum, ob das, was erfahren wird, »tatsächlich« in der Außenwelt da war und auch von anderen erfahren werden konnte, ob eine Erfahrung »uns« irgendetwas »lehrt«, ob wir etwas aus ihr »folgern« können. Doch die Unterscheidung zwischen Innen- und Außenwelt war in diesem anderen Zustand (wenn ich mir weiter den Ausdruck Robert Musils borgen darf) verschwunden. Es gab auch nichts mehr zu lernen und zu folgern. Der Gedanke, etwas lernen und einsehen zu müssen, hatte selbst seinen Sinn verloren.

Wenn ein Bein eingeschlafen ist, spürt man es nicht mehr richtig von innen, nur noch als Gewicht in der Hüfte, sonst als etwas Äußerliches. Hier war das Umgekehrte geschehen; das Äußerliche: Baum, Luft, Vogel wurden zu etwas Innerlichem. Alles war in einer Art Innerlichkeit. (Die Welt konkav als Außenwelt oder konvex als Innenwelt.) Spüre ich »normalerweise« nur meinen Körper »von innen« und nicht den Rest der Welt, weil ich eingeschränkt und abgestumpft worden bin, weil die Aufmerksamkeit in diesem Körper und in dieser Sprache »gefangen« worden ist? Aber was bin ich denn anderes als mein Körper und meine Sprache? Nehme ich vielleicht »im Allgemeinen« so wahr, wie ich wahrnehme, nicht *weil* Strom in meinen Nerven fließt, sondern weil die Aufmerksamkeit *durch* den Strom, der in meinen Nerven fließt, kanalisiert, gleichsam gebannt und »gezinkt« alles bewertend wahrnimmt als Lust oder Schmerz? Ist sie durch die Haut, die Membran, die mein Blut und meine Knochen zusammenhält, von allem anderen abgeschirmt, eingeschränkt, in die Täuschung einer Existenz von Einzeldingen geraten, fokussiert auf die Erhaltung von Millionen von Mechanismen in dieser Membran? Vielleicht sind diese Nervenerregungen unter der Haut wie ein Nebel, der sich über alles andere legt. Ich nehme nicht einfach Schokolade wahr, sondern Nervenerregungen, die sie in meiner Zunge macht, und alle die Bewertungen, die sich sofort der Empfindung folgend einstellen: die Lust der Süße, die intensiver scheint als alles andere an der Schokolade, wie Festigkeit, Bräune, Bitterkeit. Immer legt sich ein, mein, Körpergeschehen vor das, was nicht »mein Körper« ist. Aber wie sollte ich ohne meinen Körper wahrnehmen?

Wenn ich die Augen schließe, nehme ich dann nicht die Dunkelheit wahr? Dann nehme ich nicht nichts wahr, sondern die Dunkelheit. Also meinen Körper, aber nicht mit meinen Augen, denn die sind ja geschlossen? Ich nehme auch nicht meine Augen wahr, denn ich schaue ja nicht in den Spiegel. Wenn ich wirklich achtgebe, kann ich spüren, wie ich höre, wie es ein wenig kribbelt oder kitzelt in meinen Ohren, wenn ein Ton zu hören ist. Höre oder spüre ich dann meine Ohren, aber nicht *mit* meinen Ohren?

»Es ist eine Propriozeption«, wird von den Neurowissenschaften gesagt, die Empfindung der Lage des eigenen Körpers. Mehrmals in meinem Leben bin ich in einen schrecklichen Zustand geraten, bin aus dem Schlaf erwacht, konnte mich jedoch nicht bewegen. Ich erschrak, dachte: »Bin ich gelähmt?« Ich wollte mich bewegen, konnte es aber nicht. Mein

Körper schlief, aber mein »Geist« war wach. Oder träumte ich nur, wach zu sein? Ich versuchte etwas zu sagen, zu rufen, aber es kam nur unbeholfenes Jammern aus meinem Mund, das hörte ich. Auch meine Zunge gehorchte mir offenbar nicht mehr richtig, als könnte ich sie nicht mehr erreichen »mit meinem Willen«. Wie konnte ich meine eigene Stimme hören und meinen starren Körper wahrnehmen und gleichzeitig schlafen? »Schlafparalyse«, so lernte ich später, ist das wissenschaftliche Wort für diesen Zustand. Welche Wahrnehmungsfähigkeit ist es, die diesen Zustand des eigenen Körpers erfasst? Wenn ich träume, sind meine Augen ebenfalls geschlossen, aber ich sehe trotzdem. »Mein Hirn produziert Bilder, mein visueller Cortex ist aktiv, obwohl meine Augen geschlossen sind«, sagt mir mein neurologisch halb informierter Verstand. Aber als ich diese schlimmen Träume immer wieder träumte, da sah ich nicht nur den Zwerg im roten Kapuzenmantel und die Riesin im Fenster, sondern ich dachte auch: »Jetzt siehst du wieder den Zwerg im roten Kapuzenmantel, jetzt siehst du wieder die Riesin im Fenster, jetzt träumst du wieder diesen schrecklichen Traum.« Dass ich wusste oder wahrnahm, dass ich den wiederkehrenden Albtraum träume, änderte nichts daran, dass ich ihn träumen musste und dass er schrecklich war. Ich war aufmerksam auf mein träumerisches Sehen und meine träumerische Angst, ohne doch mit einem Auge zu sehen. (»Ein Sehen ohne Augen, ein Hören ohne Ohren.«) Ist die Beschränktheit meiner Wahrnehmung auf meinen Körper vielleicht eine Illusion, die in dem seltenen Moment, als Bäume und Vögel im Garten »von innen« erschienen, durchbrochen wurde, oder ist es umgekehrt? Wie weit reicht dieses »Spiel« von Wahrheit und Illusion? Es dient unserer Orientierung in der Welt der Einzelwesen, der kausalen Ordnungen. Was sollten Wahrheit und

Illusion jenseits dieser Welt sein? Wenn es kein Einzelwesen gibt, das ein Wesen dieser oder jener Art ist, wenn es keine Ursachen und Folgen mehr gibt, weil es dafür ja einzelne kausale »Agenten« geben muss, Einzeldinge, die etwas bewirken und erleiden, wie soll es dann Illusionen geben? Sie müssen ja Illusionen über Einzelwesen, über Ursachen und Folgen sein. Eine Welt ohne Einzelwesen, ohne Ursachen und Wirkungen, ohne Zeit wäre nicht die wahre Welt, sondern jenseits von Wahrheit und Illusion, scheint es mir.

Was bedeutet das: die Welt »von innen«? Gibt es dann nur noch die Reflexion der Welt auf sich? Mein Bein ist mein Bein, aber solange ich es empfinde, ist es kein selbstständiges Wesen. Ich bin ganz in meinem Bein, wenn ich gehe oder stehe, ganz in meiner Hand, wenn ich greife, ganz in meinem Auge, wenn ich sehe. »Ich« bin ganz in meinem Körper, bin omnipräsent in ihm. Omnipräsent in der Welt zu sein: Die Welt ist nicht mehr das »Außen« meines Körpers. Das ist nicht »schön« oder »gut« oder« wahr«. Das ist ein anderer Zustand, nicht einmal ein Zustand von mir, eher ein Zustand ohne mich.

Wie die unwirklichen Albtraumerlebnisse und die Erinnerungen an sie erschienen mir auch diese Bäume und der Vogel, der zwischen ihnen flog, nicht als ein Teil meiner sich stetig »nach vorne« entwickelnden Lebensgeschichte, sondern einen Moment lang erschien alles wirklicher als diese Lebensgeschichte, andererseits als ein »stehendes Muster«, jedoch nicht mehr als »meines«. Meine Geschichte war vielmehr verschwunden in diesem Moment, ohne dass ich im Schacht der Zeit unten aufgeschlagen wäre. Diese Erleichterung!

Das Nachklingen der heiteren Aufmerksamkeit auf den Garten wurde durch ein Klingeln an der Haustür unterbrochen, und meine Geschichte kehrte zurück, setzte sich wieder fort. Ich ging die Treppe hinab zur Haustür, um einen Studierenden, der beraten sein wollte, willkommen zu heißen und ihn zu betreuen. Mir war in dieser Rolle nichts widerfahren, was dem erstaunten Besucher berichtbar gewesen wäre. Denn nur, was sich irgendwie in die eigene Geschichte eingliedern lässt, lässt sich auch berichten, scheint mir, als ein Ereignis in ihr. Aber dieser Moment gliedert sich nicht in meine eigenen Geschichten ein. Die Erinnerung an ihn, besser an meine Beschreibungsversuche von ihm, zeigt nur an, dass Lebensgeschichten unterbrochen werden können, ohne dass Lebende dabei notwendigerweise das Bewusstsein verlieren müssen, wie bei einem Unfall, oder dass sie in den Tiefschlaf versinken müssen. Oder irre ich mich hier, denn ich erinnere und erzähle diesen Moment doch an dieser bestimmten Stelle in Raum und Zeit in meiner Lebensgeschichte? Ich kann ja das Jahr in meinem Leben angeben, in dem er »aufgetreten« ist. Aber die Erinnerung ist nicht der Moment, sondern eben die Erinnerung an den Moment oder die Erinnerung an die Beschreibung des Moments, die, kurz nachdem er vorbei war, einsetzte. Erinnere ich ihn wirklich? Nein, nicht wirklich. Ich erinnere nur sein Eintreten und dass dann meine Geschichte weiterging und eine große Heiterkeit. Und erzähle ich dieses Bild als Teil *meiner* Geschichte? Ich wüsste nicht, welche Rolle es in »meiner« Geschichte spielen sollte, außer die paradoxe, dass es eine Aufmerksamkeit gibt, für die »meine« Geschichten und ihr Fortgang nicht weiter wichtig sind, und dass gerade das eine Erleichterung, eine sehr große Erleichterung ist. Die Erleichterung, die eintritt, wenn alle Zwecke verschwinden, ist eine ganz andere als die, die eintritt, wenn ein Zweck erreicht wird. Das Glück, das erscheint, wenn kein Wunsch mehr möglich ist, das Wünschen wegfällt, ist ein anderes als das, was sich einstellt, wenn sich ein Wunsch erfüllt.

Die meisten Geschichten sind, anders als Bilder, zielgerichtet. Es ist jedoch unterschieden worden zwischen den Geschichten der Jäger und den Geschichten der Sammlerinnen (von Ursula K. Le Guin). Die Jägergeschichten haben einen Helden und eine gradlinige Richtung: die Tötung eines Tieres. Der Jäger zieht aus, um eine Beute zu erlegen, sie nach Hause zu bringen und den anderen die schöne Nahrung zu offerieren. Bei den Erzählungen der Sammlerinnen ist das nicht der Fall. Dort kommt eines eher zufällig zum anderen, fügt sich so. Die bauchige Tasche wird erst mit diesem, dann mit jenem gefüllt. Es gibt nicht den entscheidenden Moment, an dem der Speer ins Herz dringt und das »gute Ende« der Geschichte gesichert ist. Könnte mein Leben auch eine Geschichte im Sinne einer Sammlung sein? Würde es dann von den Zwecken befreit werden, befreit von dem Anspruch, ein Ziel zu haben, eine Entwicklung, eine Entfaltung, eine Verwirklichung (von wem oder was?) zu sein? Ich weiß ja gar nicht, was oder wer da eigentlich entfaltet, entwickelt, verwirklicht werden soll. »Werde, der du bist!« Ein schöner Spruch. Ich werde im Tunnel der Zeit aufschlagen oder verewigt. Vielleicht eine Art Befreiung. Vielleicht derselben, vielleicht anderer Art als die Unterbrechung des Lebens beim Blick in den Garten. Was »gibt« es in meinem Leben? Blicke auf Bäume und Wolken, Zärtlichkeiten, Wutanfälle, Schmerzen, das Absinken in den Schlaf, das Aufwachen. Und es gibt diese Albträume als eine Art fixe üble Muster, von denen ich hoffe, dass mein Leben nicht ganz in sie hineingerät.

Es ist behauptet worden, dass man »das Selbst« als eine Fiktion ansehen könnte, die, so wie ein Schwerpunkt als der Ort, an dem die Gravitationskraft auf einen Körper wirkt, innerhalb einer Erzählung entsteht als die Perspektive, aus der die

Erzählung gesponnen wird und zu der sie immer wieder zurückkehrt. Haben die Erzählungen der oben unterschiedenen beiden Typen, die der Jäger und die der Sammlerinnen, auf gleiche Weise ein »narratives Gravitationszentrum«? Oder ist die Erzählung vom Gravitationszentrum der Erzählungen auch nur eine Fiktion? Der Flug des Vogels ist keine Geschichte. Es ist ein Bild bewegter Ewigkeit. Es gibt kein Selbst, das hier erzählt, kein Selbst, das das Bild sieht. Ich habe »das« nicht erlebt. Das Bild sieht sich selbst.

Wer, ich selbst?

Wer erinnert sich an wen? Eine gelbe Plastikwanne, ein Ding, das tatsächlich auch einen Namen hat: »Franz«. »Mein Gott, sind deine Füße dreckig! Ab in den Franz!«, ruft sie. Auf einer Fußbank sitzend, schaue ich auf grauschwarze Zehen, die durch die Wasseroberfläche stoßen. *Meine* Füße im heißen Seifenwasser. »Hoch die Arme!«, ruft sie. Auf einem Stuhl stehend, wird ein grober Strickpullover über mich gezogen. Mein Körper, halb so groß wie ihrer, in einer kratzigen Enge. Ein pausbackiges Gesicht im Spiegel, durch das ein heißer Waschlappen fährt, neben ihrem Kopf, halb im Profil, denn sie schaut mich an. Sie hält mich mit der linken Hand im Nacken, das ist mir zu fest. Ich drücke den Kopf zurück. Sie sagt: »Zier dich nicht so!« – »Ich«, das ist in der Erinnerung das Kind, dem dies und das befohlen wird. Ich bin entstanden, damals, als derjenige, der dieses und jenes zu machen hat, nachahmt, weil es da diese Dinge und Menschen gab: sie, ihn, den Franz, den Waschlappen und tausend anderes. Jetzt bin ich dieses Kind nicht mehr. Die, die mich erzogen haben, sind verschwunden. Andere sind aufgetaucht. Inzwischen habe ich selbst mein Kind in die Badewanne geschickt. Was verbindet mich, der ich viel größer bin und mit ganz anderen Menschen in Beziehung stehe, mit der Person, die als Vorschulkind ihre Füße in den gelben Franz stecken sollte? Ich scheine zu wissen, dass ich es war, *derselbe*, der jetzt noch da ist. Doch was soll das heißen?

Ich habe mich seitdem »selbst« erhalten, teils »instinktiv«, teils »absichtlich«. Denn ich bin *abhängig*. Alle paar Augenblicke muss ich atmen. Wenn ich als Kind an einem Auto vorbeikam und in der kalten Winterluft die Abgase aus dem Auspuff austreten sah, habe ich den Atem angehalten. Denn sie hatte »giftig!« gesagt. Ich muss regelmäßig trinken und essen, sonst werde ich nicht »groß und stark«, wie sie sagten, ja kann ich mich angeblich bald nicht mehr bewegen, wenn ich das nicht tue. Milch, Leberwurstbrote, Spaghetti verschwinden in mir. Ausscheidungen kommen heraus; ich will allein aufs Klo gehen können; ich will essen, was ich mag, und nicht, was mir vorgesetzt wird. Meine Selbstständigkeit bezieht sich nicht darauf, dass ich esse und ausscheide, sondern was ich esse und dass ich für mich im Verborgenen ausscheide. Doch da ist dieser ständige Fluss hinein und hinaus. Wer betreibt den? Ich stehe am Zebrastreifen und frage mich, ob ich vor dem Laster noch rüberkomme. Ich will nicht überfahren werden. Ich werde gelobt, wenn ich stehen bleibe und nach links und rechts schaue. Ich werde gescholten, wenn ich einfach über die Straße zu meiner Freundin, meinem Freund renne. Da ist jemand, der etwas richtig oder falsch macht, der stolz ist oder sich schämt: ich.

Man kann eine Spur durch die Räume und die Zeiten legen: Am 18. Juni 1961 verlässt jemand den Bauch einer Frau an dem und dem Ort, er wird hierhin und dahin transportiert, tritt mit diesen und jenen Menschen in Kontakt, ernährt sich von diesem und jenem. So geht das immer weiter, ununterbrochen bis zum 10. Juni 2023, an dem diese Person an einem Schreibtisch sitzt und diese Zeilen schreibt. »Ich« bin nie verschwunden auf dieser Spur, sondern wie Theseus' Schiff ständig umgestaltet worden, indem ich neue Nährstoffe aufnahm, verdaute, neuen Zeichen ausgesetzt wurde, neuen Menschen begegnete, sodass neue Gefühle und Gedanken entstanden, ein kontinuierlicher Strom an Material wie Milch, Brot, Wurst, Käse, Kuchen, an Zeichen wie »Micha«, »Mutti«, »Vati«, »Omi«, an Eindrücken wie dem Gelb des Franz, dem Blau des Pullovers, dem Rot des Waschlappens, an Plänen, Ängsten, Enttäuschungen, Freuden ... Und dann kann ich immer eine Art Lasso in die Vergangenheit werfen und zurückgehen auf dieser Spur und Erinnerungen produzieren über die täglichen Gräben des Tiefschlafs hinweg. Und in diesen Erinnerungen entsteht dann auch für mich so etwas wie eine Kontinuität dieser Spur, die ich von außen nicht verfolgen kann, weil es mein Leib und meine Rede ist, die diese Spur vorantreibt. Trete ich aus dieser Spur heraus in den Garten mit dem Vogel, bin »ich« dann noch da?

Die Sprache, die ich spreche, habe ich nicht erfunden, doch sie ist mir vertraut, seit ich mich an sie gewöhnt habe. Sie ist meine Sprache. Erstaunen entsteht dagegen über den Klang anderer Sprachen, die ich nicht verstehe (etwa Arabisch oder Chinesisch). Warum bedeutet das nichts für mich, dieser andere Klang, der meiner Sprache aber schon? Zwei Arten der Aufmerksamkeit: auf den Klang und auf die Bedeutung. Kann ich die Welt ohne Bedeutungen, ohne Projekte wahrnehmen, nur als Klang oder als visuelles Muster? Ich reagiere mit meinem Sprechen auf das, was ich gehört oder gelesen habe, wandle es ein wenig ab, widerspreche ihm oder stimme ihm zu. So habe ich Erinnerung an meinen Versuch, ständig in Reimen zu sprechen: die Wörter als Klang, nicht als Bedeutungsträger zu nehmen; das ist lange her. Aber an das euphorische Gefühl, wenn sich Reim an Reim reiht, die Sprache eine Musik wird, daran kann ich mich noch gut erinnern. Da durfte ich nichts versuchen, ich musste die Reime »kommen lassen«, und dann kamen sie auch. Ein ständiger Fluss von Wörtern hinein und hinaus. Es stand nicht bei mir, auf diese Welt zu kommen mit diesen Strömen von Materialien und Zeichen in mich hinein und aus mir heraus. Ich habe das alles hier nicht gewählt: nicht den Franz, nicht die Leberwurstbrote, nicht die Wörter. Was soll es dann aber heißen, ich sei »frei«?

»Aufpassen, wenn du über die Straße gehst!« Jederzeit, wird mir signalisiert, kann etwas geschehen, das mein Leben beendet: ein Unfall mit einem Lastwagen, ich darf auf keinen Fall auf das Dach steigen, durch die Luke auf dem Trockenboden. »Noch darfst du nicht ins tiefe Wasser, wo du nicht stehen kannst.« Bilder im Fernsehen: von einer Flut in Bangladesch, einer Hungersnot in der Sahelzone, einem Bombenanschlag in Tel Aviv. Später lerne ich die Wörter »Selbstständigkeit« und »Freiheit«. Wer könnte es sein, der selbstständig ist? Was müsste ich dafür tun? Ich verstehe es nicht.

Was wir in dem Leben, das der Aufmerksamkeit widerfährt, »Freiheit« nennen, findet immer innerhalb der Funktionszusammenhänge unseres Körpers und innerhalb dessen statt, was die Regeln der Gemeinschaft uns mit der Rede zu planen erlauben, was sie uns als *erstrebenswert* nahelegen, vor was sie uns warnen als etwas, das wir zu fliehen haben. Was diese Aufmerksamkeit *jenseits* dieses Leibes und dieser Gemeinschaft sein könnte, darüber gibt es nichts zu sagen. Wendet sie sich ab von diesem Leib, von der Gemeinschaft der Sprechenden, in Akten, die als »Askese« bezeichnet werden, dann hört vielleicht das Streben nach Wasser, nach Nahrung, nach Sex auf, dann verstummt vielleicht auch das Gerede für eine Weile. Denn alles Sprechen ist ein Sprechen in einer Gemeinschaft von in bestimmten Leibern strebenden und agierenden Wesen. Wir mögen versuchen, die Funktionszusammenhänge unseres Körpers zu unterbrechen (uns zu töten), und wir können versuchen, die Regeln, die uns mit den anderen verbinden, zu ändern (eine neue Lebensform der Sprechenden anzustreben). Das könnte man dann »absolute Freiheiten« nennen. Sie sind denkbar, doch sie sind kein Zustand in meinem Leben. Die Freiheiten in meinem Leben sind anderer, relativer Art. Wir wählen vielleicht lieber den roten als den gelben Brei, Kartoffelchips mit oder ohne Ketchup, lieber diesen oder jenen Sexualpartner.

Wenn wir Zwecke erreicht haben, die durch das Funktionieren unseres Leibes oder die Reden der anderen vorgegeben sind, werden wir gelobt: »Gut gemacht!« Was habe ich gemacht? Bin ich gezwungen worden? Musste ich es machen? Erreichen wir die Zwecke nicht, geraten wir in Probleme: Schimpfen, auch Schläge. Ich bin es, der es gut gemacht hat. Ich bin es, der es schlecht gemacht hat: Stolz und Scham (mit ihnen entsteht, wie David Hume glaubte, die Idee eines Selbst).

Wenn wir die Zwecke verstanden haben, die die Gemeinschaft der anderen uns mit ihren Regeln vorgibt, können wir uns weitere Zwecke setzen. Das ist als eine besondere Fähigkeit bewertet worden. In »unserer« Gemeinschaft der Sprechenden wird vermutet, dass die Tiere »nur« den ihnen in ihren Körpern jeweils vorgegebenen Zwecken folgen. »Wir« jedoch, die wir »mehr« als die Tiere sind, so sagt unsere Rede, wir könnten uns darüber hinaus noch *weitere* Zwecke setzen! Deshalb seien wir »höhere« Wesen. Doch schon Darwin notierte für sich: »Benutze niemals wieder ›höher‹ und ›niedriger‹!«

Das Erreichen von Zwecken gilt als *gut* und die Fähigkeit, sich weitere setzen zu können, ebenfalls. Wasser, Nahrung, Sexualpartner zu finden gilt als gut. Es ist erwogen worden (von Baruch de Spinoza), dass wir das »gut« nennen, nach dem wir streben. Weil wir nach Wasser, Nahrung, Wärme, Sexualpartnern streben, sagen wir, dass Trinken, Essen, Wärme und Sex gut sind. Doch wir müssen danach streben. Es ist uns als Durchhaltewesen, als Wesen, die leben, vorgegeben, das zu tun durch unseren Leib. Unsere Aufmerksamkeit sucht, einmal »in« diesem Leib, »von selbst« nach etwas, was unseren Durst, unseren Hunger, unsere geschlechtlichen Begierden stillt, was uns wärmen und schützen könnte, sobald sie in diesen Körper »gebannt« ist. Es ist, sobald wir aufmerksam darauf werden, wie wir streben, als sei unsere Aufmerksamkeit durch unseren Körper in einen Zwangszusammenhang geraten. Sie wird kanalisiert. Alles Mögliche erscheint vor uns. Doch was wir trinken, essen, mit was (wem) wir Sex haben könnten, darauf achten wir besonders. Das andere fällt uns selten auf, meist nur dann, wenn der Durst, der Hunger, die Gier gestillt sind. In der Regel kann die Aufmerksamkeit nicht frei dieses oder jenes betrachten, sondern sie sucht wie ein Spürhund, um das zu finden, nach dem wir streben müssen, das, was wir brauchen, um zu funktionieren, um ein wenig weitermachen zu können. Wenn uns dieses Streben klar ist, auf einer Stufe unseres Bewusstseins, dann meinen wir, aus freien Stücken einen bestimmten Zweck zu verfolgen. Wenn wir aufmerksamer werden und genauer nachdenken, merken wir, dass wir uns diesen Zweck nicht selbst gesetzt haben.

Sofern wir uns die weiteren Zwecke setzen, etwa den, gut zu kochen oder zu anderen Menschen freundlich zu sein, sie zu unterstützen, Kinder großzuziehen, einen angesehenen Beruf auszuüben, müssen wir *Weiteres* tun, als uns durch Trinken und Essen zu erhalten und sexuell zu betätigen. Wir ergänzen dann das Reich der durch unseren Leib und die Sprachregeln der Gemeinschaft vorgegebenen Zwecke durch weitere Vorhaben und Handlungen, die wir gelernt haben, als Resultate »individueller Entscheidungen« zu bezeichnen. Denn wir können auch *nicht* gute Köche werden, kaum aber nicht trinken. Wir können auch *nicht* freundlich zu anderen sein, kaum aber nicht essen. Wir können auch *keine* Kinder großziehen, *keinen* angesehenen Beruf ergreifen, während wir nicht so einfach aufhören können zu atmen, ohne als Einzelwesen zu verschwinden. Denn Einzelwesen sind wir durch unseren Leib, den wir von anderen Körpern zu unterscheiden gelernt haben. Wenn wir uns einmal neue Zwecke gesetzt haben, die über das Streben des Leibes hinausgehen, dann müssen wir *Weiteres* tun, es kommt mehr »auf uns zu«, als wenn wir uns keine neuen Zwecke setzen. Trotzdem gilt es als gut, sich Zwecke zu setzen: »Have a purpose in life!« Warum eigentlich? Warum gilt es dagegen meist nicht als gut, sich von den Zwecken, die wir ohnehin schon verfolgen, zu distanzieren? Und was wäre das eigentlich, eine solche Distanzierung? Bin ich der, der sich weitere Zwecke gesetzt hat, außer denen, die mein Leib und die Gemeinschaft mir vorgegeben haben? Oder bin ich der, der von allen Zwecken zurücktreten, der sagen kann: Diese Rede, das bin ich nicht, dieser Leib, das bin ich nicht?

Spiel und Ernst

»Das ist kein Spiel!«, rief sie. »Mit Essen spielt man nicht!« Teig aus der Rührschüssel mit den Händen geschaufelt und auf dem Küchentisch verteilt, um wie mit Knetmasse Figuren daraus zu formen. Was ist der Unterschied zwischen Kneten von Figuren und Kuchenbacken? Ich wusste, bunte Knetmasse darf man nicht essen, ist giftig, honiggelben Kuchenteig dagegen schon, ist weich und süß. Aber warum war das kein Spiel? Warum spielt man nicht mit Essen? Manchmal mochte ich nicht, was auf meinem Teller lag, etwa Gulasch, das ich nicht runterbekam. Spuckte das graue Stück Rindfleisch wieder aus und schob es an den Tellerrand. »Hast du dich schon wieder festgekaut?«, fragte sie. »Du darfst nicht vom Tisch, bevor du nicht aufgegessen hast.« Das war nicht lustig, kein Spiel. Lustig und ernst – ist das der Unterschied zwischen Spielen und allem anderen?

Als ich eingeschult wurde, sagte Großvater: »Jetzt beginnt der Ernst des Lebens, mein Lieber!« Er packte mich im Nacken und schüttelte mich ein wenig, als müsste ich geweckt werden. Bedeutete das, dass es mit Spielen nun vorbei war? Das stimmte nicht, denn auch in der Schule wurde gespielt, vor allem im Sportunterricht: Völkerball, Fußball, Ringhockey. Es gab auch Rechen- und Reimspiele. Aber seit der Einschulung wurde ich gefragt, was ich denn einmal »werden« wolle. Es war klar, von mir wurde erwartet, so würde ich es heute formulieren, ein *Projekt für die Zukunft* zu haben. War das der Ernst des Lebens: Projekte für die Zukunft zu schmieden und zu verwirklichen? Es fiel mir schwer, auf die Frage zu antworten, was ich werden will. Bin ich denn noch nicht wirklich da? Lange sagte ich: »Ich weiß nicht«, dann: »Forscher«, später: »Tierarzt«. War das ernst gemeint? Irgendwann begann ich, Gedichte zu schreiben, und wollte »Dichter« werden, aber das sagte ich niemandem, vielleicht, weil ich es ernst meinte und gleichzeitig fürchtete, in diesem »Projekt« von den Erwachsenen nicht ernst genommen zu werden. War es überhaupt ein Projekt? Die Verwandten auf seiner Seite waren alle »etwas Ordentliches« geworden wie Schuster, Elektriker, Automechaniker, er Kürschner, auf ihrer Seite der Großvater Soldat, auch der Onkel beim Militär. Die würden alle lachen, fürchtete ich als Teenager, wenn ich sage, ich wolle Dichter werden.

Was man werden will, bedeutete vor allem: welchen Beruf, mit dem man seinen Lebensunterhalt verdient, man ergreifen möchte, welches Ansehen man erreicht in den Augen der anderen Redenden, welche Rolle man im sozialen Gefüge einnimmt. Man wurde offenbar durch den Beruf ein bestimmter Mensch, erst durch den Beruf, mit dem man Geld verdient, wurde man wirklich und ernsthaft. Vorher, ohne Beruf, war man offenbar nur unwirklich da, vorläufig, nicht ernsthaft. Gibt es denn die Katzen und Hunde, die Käfer und Vögel nicht wirklich? Sie gehen keinem Beruf nach, verdienen und brauchen kein Geld (»und der himmlische Vater ernährt sie doch«). Erwerben sie Ansehen unter ihresgleichen? Das scheint mir unwahrscheinlich (doch ich weiß, die Biologen sprechen von »Rangordnungen« und »Revieren«). Führen die Tiere deshalb kein ernstes, kein wirkliches Leben? Ist der Vogel, der im Winter nach Futter sucht, nicht wirklich da? Kennt die Walmutter, die ihr Kalb gegen die Orkas verteidigt, nicht den Ernst des Lebens? Berufe und Karrieren, sind das nicht schlechte neuere Erfindungen der redenden Menschen, die das Durchhalten durch Essen und Trinken durch das Geldverdienen und die Karrieren in den »sozialen Rängen« ergänzt haben?

Wenn ich in die Stimmung für ein Gedicht geriet und nach den Worten für das suchte, was sich plötzlich so klar mir aufdrängte, verschwanden alle Projekte. Dann wurden der Regen oder der Wind oder ein Baum, die Katze in der Sonne auf der Mauer, die Hände meiner Großmutter so wirklich, als sähe ich alles zum ersten Mal. Doch klar war: Für Gedichte gibt es kein Geld oder fast keines. Wer immer nur dichten will, nimmt das Leben offenbar nicht ernst, kümmert sich zu wenig um sein Einkommen, wie klar ihm die Welt beim Dichten auch erschien. Mir erschienen die Dichtenden, wenn ich las, was sie geschrieben hatten, als die »Ernstesten«, die das, was ihnen erschien, »wirklich« wahrnahmen und dann auch noch davon sprechen konnten. Alle anderen waren für mich als Teenager armselige Projektemacher.

Doch der »Ernst des Lebens«, das ist der »Brotberuf«, den man haben muss und nach der Schule erlernt. Diesem Diktum entging ich nicht. Welchen Beruf man erlernen kann, wurde mir mitgeteilt, hängt davon ab, wie gut man in der Schule war. Deshalb musste ich gut in der Schule sein, sagte man mir. »Damit du es zu etwas bringst.« Die Art des Berufs bestimmt, wie viel Geld man bekommt und ob man Freude bei der Arbeit haben kann. Wer es »zu etwas gebracht« hatte, habe Freude an der Arbeit und verdiene viel Geld damit, beispielsweise als Herzchirurg oder Strafverteidiger. Aber die Freude bei der Arbeit war etwas anderes als Freude beim Spiel, schien es. Denn beim Herzchirurgen ging es bei der Arbeit um Leben und Tod, beim Strafverteidiger um Gefängnis oder Freispruch. Die dürfen keine Fehler machen, sonst stirbt jemand oder kommt unschuldig ins Gefängnis. Wer im Spiel einen Fehler macht, dem passiert dagegen nichts, da stirbt niemand. Alles, was mit Geld und dem Tod zusammenhängt, ist nicht lustig. Rechnungen waren schrecklich, Mahnungen noch schrecklicher, wie ich an seinem Gesicht sehen konnte, wenn er die entsprechenden Briefumschläge öffnete (viel zu spät, wie sie sagte). Geld hatte man immer zu wenig, und die Arbeit konnte schwer und unerfreulich sein. Das war der Ernst des Lebens, schien es mir als Kind: Geld mit etwas zu verdienen, was keinen Spaß macht, jahrzehntelang, bis man stirbt. Weil viele Menschen nach ihrer eigenen Einschätzung zu wenig Geld verdienten und sich plagen mussten auf der Arbeit, war für sie das Leben kein Spiel. Diese Tatsache musste man ernst nehmen, schon als Kind, jedenfalls spätestens, wenn man auf die sogenannte »höhere Schule« kam.

Und dann konnte man vor dem Tod lange krank sein, schwer krank: Ein Onkel hatte Magenkrebs, eine Tante eine Nierenkrankheit, ihr Mann einen Gehirntumor. Bettlägerigkeit, Tablettenschachteln auf dem Nachttisch, Infusionen, Furcht, Verzweiflung, Irrsinn, jahrelanges Leiden, rein ins Krankenhaus, operiert, raus aus dem Krankenhaus, wieder rein ins Krankenhaus, noch mal operiert und so weiter, bis man stirbt. Das Leben war eben kein Spiel. »Am besten, es trifft einen der Schlag und weg«, sagten einige in der Verwandtschaft. Das schien jedoch selten vorzukommen.

Es gab aber auch Playboys, Spieljungen, wie ich es mir seit dem Übertritt ins Gymnasium selbst übersetzen konnte, über die im Fernsehen berichtet wurde. Doch über die hatte man sich lustig zu machen oder zu empören, weil sie das Leben nicht ernst nahmen, sondern mit ererbtem Geld, mit Mädchen, Autos und Segelbooten herumspielten. Die mussten sich auf keiner Arbeit plagen und wurden offenbar nie krank. Obwohl man darunter litt, dass das Leben kein Spiel ist, sondern Ernst, war es aber offensichtlich auch wieder nicht richtig, wenn man es sich leisten konnte, das Leben einfach mit Spielen zuzubringen. Es schien eine Art moralische Verpflichtung zu geben, das Leben ernst zu nehmen. War das eine Verpflichtung auf die Widerständigkeit gegenüber der sogenannten harten Wirklichkeit?

Wer Räuber und Gendarm oder Soldat spielt, ist nicht wirklich ein Räuber, ein Polizist oder ein Soldat. Niemand kommt bei diesen Spielen wirklich ins Gefängnis oder stirbt, sondern »man tut nur so«, indem man sich in einen Kleiderschrank sperren oder seufzend zu Boden fallen lässt. Kinder kennen »die Wirklichkeit«, die sie nachspielen, wenn auch nicht aus eigener Erfahrung, so doch zumindest aus Darstellungen. Sie haben einen Polizisten auf der Straße, einen Soldaten im Fernsehen gesehen. »Spiel« ist neben »Traum« eine Kennzeichnung für einen Zusammenhang von Erscheinungen, der »nicht wirklich« ist, nicht wirklich wirklich. Im Leben kommen Zeiten des Spielens und des Ernstes vor, so wie in ihm Zeiten des Wachseins und des Träumens erscheinen. Der Ernst scheint kontinuierlich zu sein. Wenn die Schule durch ein Spiel unterbrochen wird, geht sie danach doch wieder da weiter, wo sie vor dem Spiel aufgehört hat. Wenn man mit einer Krankheit einschläft und heiter träumt, wacht man doch wieder krank auf. Spiel und Traum scheinen eingekapselt zu sein in ihren eigenen kleinen Zeiten. Der Ernst des Lebens fließt dagegen immer weiter.

Doch bis zu einem bestimmten Alter sind die Spiele, diese kleinen Zeitkapseln, das Wichtigste. Man wird aus ihnen herausgerissen. So wird ein Spiel unterbrochen, weil man in die Schule oder ins Bett muss, aus dem schönen Traum wird man am Morgen geweckt und muss durch die graue Stadt in die strenge Schule trotten. Diese Übergänge erfährt jeder Mensch ständig in seinem Leben. Das hat Spekulationen nahegelegt, nach denen es noch ein *weiteres* Erwachen, ein *weiteres* »Aus-dem-Spiel-Herausgenommenwerden« geben könnte, etwa beim Tod. Dann wäre der Ernst des Lebens nicht »die letzte Ebene« der Wirklichkeit. In dem Film *Welt am Draht* wird der Held kurz vor dem Ende erschossen. Sein Tod erweist sich als das Verlassen einer Computersimulation. Er wird daraufhin in »die wirkliche Welt« versetzt, kommt auf einem »höheren Wirklichkeitslevel« an, wo er seine große Liebe wiedertrifft, die er schon als Avatar im Computerspiel kennengelernt hat. Dem Charakter in diesem Film widerfährt, was auch dem Fliehenden in Platons Höhlengleichnis geschehen ist, der es ans wirkliche Sonnenlicht schaffte und nicht mehr nur ein Schattenspiel an der Wand betrachten, im Höhlenkino verweilen musste. Die Literatur in Ost und West ist voll von diesen Spekulationen. Es *muss*, scheinen sie uns zu sagen, noch ein weiteres Erwachen geben, dieses Leben kann einfach nicht ernst gemeint sein, es ist zu absurd, zu leidvoll, zu unerträglich, als dass es »die letzte Wirklichkeit« sein dürfte. Solche Spekulationen sind vielleicht *Befreiungsfantasien* für das Entkommen aus den vorgegebenen Zweckzusammenhängen: Es muss einen Ausweg aus diesem Leben geben, aus den Zwecksetzungen, in die wir hineingeraten sind. Es geht nicht einfach nur darum, dass es nach dem Tod irgendwie weitergeht, dass man eine bessere Welt durch das Tor des Todes erreicht. Es geht darum, dass diese ewigen Projekte endlich ein Ende haben werden, dass der Ernst des Lebens »in Wirklichkeit«, in dieser »höheren Wirklichkeit« dann gar nicht so ernst war, wie man zunächst dachte, dass er »eigentlich« ein Spiel war, dass das Verfolgen der Zwecke in diesem Leben nicht einfach beendet wird, sondern man auf diese Zwecke zurückblicken und dann aufatmen kann: »Ach, Gott sei Dank, ich hab' es ja gewusst, dass das alles bloß ein Spiel war.«

Zwecke können auch nicht erreicht werden. Ich kann kein Wasser, keine Nahrung, niemanden für den Sex finden. Ich kann die Zwecke, eine gute Köchin zu werden und Kinder zu erziehen, verfehlen. Das Erreichen von Zwecken nennen wir »Erfolg«, das Verfehlen eines Zweckes »*Miss*erfolg«. Vermehren wir unsere Zwecke, um mehr Möglichkeiten für Erfolge zu haben? Aber damit werden auch mehr Möglichkeiten des potenziellen *Miss*erfolgs geschaffen. Sich vor der Alternative zu befinden, Erfolg oder Misserfolg zu haben, kann man als eine Situation des *Risikos* bezeichnen. (»Herausforderung!«, rufen die Ehrgeizigen.) Warum schaffen wir immer neue Situationen des Risikos, wenn das Leben, das wir vorfinden, durch unseren Leib und die Gemeinschaft mit den anderen ohnehin schon risikoreich ist? Setzen wir in unserer Gemeinschaft mit den anderen Sprechenden und auch als Einzelne, wenn wir uns gemeinsam oder allein weitere Zwecke setzen, nicht einfach dieses Spiel fort, zu dem wir durch unseren Leib ohnehin schon »gezwungen« sind: das Spiel *zu streben,* die Zweckerreichung zu versuchen, aus einer Situation des Risikos erfolgreich herauszukommen? Aus der Perspektive einer allgemeinen Aufmerksamkeit (ist das überhaupt eine Perspektive?), die nur betrachtet und nicht in einer Suchbewegung an ein Streben gekettet ist, ist nicht verständlich zu machen, warum wir uns auf das Zweckesetzen überhaupt einlassen sollten. Warum nicht in der ruhigen Betrachtung bleiben?

Es ist erwogen worden (von Raymond Geuss), dass das Spielen keine angemessene Metapher für das Leben ist. Denn Spiele sind heiter. Letztlich macht es ja schließlich nichts aus, wenn ich beim »Mensch ärgere Dich nicht« hinausgeworfen oder in einem Computerspiel »getötet« werde. Ich bin dann ja »in Wirklichkeit« immer noch da. Die Risiken des Spiels sind keine *wirklichen* im Verhältnis zu den Risiken des Lebens. Dass ich von den anderen ausgeschlossen werde, sie nicht mehr mit mir reden, dass mein Leib versagt, das alles nenne ich »wirklich«. Körperliche Widerstandserfahrung und Schmerzen sind Indikatoren für unseren Kontakt mit »der Wirklichkeit«. Das scheint auch außerhalb philosophischer Reflexionen über den Wirklichkeitsbegriff angenommen zu werden (so etwa Johnny Cash: »I hurt myself today / to see if I still feel / I focus on the pain / the only thing that's real«). Letztlich hat es nicht viel Sinn, sich über die Bedeutung abstrakter Wörter wie »wirklich« zu streiten. Doch so viel scheint sicher: Ein Spiel, das tödlich enden kann, ist kein Spiel mehr. Das ist der Unterschied zwischen Schach und Krieg. Die Rede vom Leben als Spiel ist vielleicht eher ein Trost als eine Deutung.

Das Erreichen von Zwecken führt gelegentlich zur Vorstellung der Erlösung, der Utopie: Ich schaffe es, *alle* Zwecke zu erreichen. Ich erreiche einen *Endzweck*. Alles wird gut: mein Leib, die Gemeinschaft mit den anderen. Das ist eine Fata Morgana, eine Fantasie, die vielleicht mein eigenes Streben und das der Gemeinschaft in Gang hält: Ich und wir müssen ankommen, da, wo alles gut ist. Manchmal bilde ich mir allein oder die Gemeinschaft, zu der ich gehöre, bildet sich kollektiv ein, dass wir diesem letzten Ziel und Zweck schon nähergekommen sind. Dann wird gesagt, es seien *Fortschritte* gemacht worden: »Du bist vorangekommen!« »Wir sind vorangekommen!« Was soll das heißen? Leide ich weniger, leiden wir weniger als früher? Bin ich »vernünftiger« geworden oder die Einrichtung unserer Rede und unseres Lebens? Worin besteht die Vernünftigkeit unabhängig von den Regeln unserer Rede, auf die wir abgerichtet werden? Es gibt *kleine* Vernünftigkeiten und Unvernünftigkeiten: Ich trinke zu viel und bekomme einen Kater, ich gehe ohne Schirm los, obwohl ich weiß, dass es bald regnen wird und ich eine Erkältung habe, ich kaufe teure Geschenke, obwohl ich ohnehin schon pleite bin. Aber die Vernunft überhaupt für alle Menschen in allen Situationen – was ist das, und wie kann ich wissen, dass ich einen Erfolg in ihrer »Vermehrung« erzielt habe? »Die Vernunft«, ist das ein Wort für eine universale Einrichtung »unserer Verhältnisse«, die dazu führt, dass wir meinen, es könne nichts mehr schiefgehen? Geht es schief, erreichen wir unsere Ziele nicht, weil wir unvernünftig sind? Alle müssen sterben. Für die wenigsten ist das ein Ziel. Sind sie alle unvernünftig?

Spielen, träumen, arbeiten, Geld verdienen, im Jenseits das Licht sehen – aus diesen verschiedenen Erscheinungen und Spekulationen haben sich Vorstellungen über Grade der Wirklichkeit ergeben. So wie ein Käse Reifegrade haben kann, scheint das, was uns erscheint, mehr oder weniger wirklich sein zu können. Ganz unten auf dieser Skala ist der Schein. Ganz oben ist die eminente Wirklichkeit, das Echte. Verstehe ich das? Ein Albtraum kann intensiver sein als ein langweiliges Abendessen. Doch der Albtraum ist Schein, die Abendgesellschaft Wirklichkeit. Es kann also nicht an der Intensität liegen, dass etwas wirklich oder bloß Schein ist.

Wir denken uns Ketten von Nachahmungen aus: Kinder ahmen in ihrem Spiel die Soldaten nach. Die Soldaten schießen wirklich, die Kinder rufen: »Peng, peng!« Das, was nachgeahmt wird, ist wirklich, die Nachahmung ist nicht ganz so wirklich. (So scheint es sich Platon gedacht zu haben.) Doch: stimmt das? Ist das Kinderspiel nicht genauso wirklich wie der Krieg? Denn die Kinder wissen natürlich, dass niemand in ihrem Spiel sterben wird. Spiele sind häufig etwas Gemeinschaftliches, sie können sehr komplex sein. Auf diese Analogien hatte es die Philosophie wohl abgesehen, als sie von »Sprachspielen« sprach, nicht auf eine vermeintliche »Unwirklichkeit« der Sprache (das ist im Anschluss an Wittgenstein gesagt). Wir können uns täuschen und versuchen, in einen Plastikapfel zu beißen. Dann mag jemand sagen: »Das ist nicht wirklich ein Apfel, kein echter Apfel, den kannst du nicht essen!« Doch der Plastikapfel ist auch wirklich, so wirklich wie der essbare Apfel, eben nur nicht essbar und mit dem essbaren verwechselbar. Können wir ohne Grade der Wirklichkeit auskommen? Ist das ein weiteres Projekt: in einer »höheren« Wirklichkeit anzukommen, eine »spirituelle Karriere« zu haben? Sind wir nicht nur »Aufsteiger« auf den Berufs- und Einkommensleitern, sondern auch auf der Wirklichkeitsleiter?

Der Ruck der Entscheidung

Am Morgen: Unter der Decke ist es warm. Doch der Wecker zeigt, dass es spät ist. Noch einmal umdrehen oder sich »einen Ruck« geben und aus dem Bett springen? Auf dem Schützenfest: Die vielleicht fünf Zentimeter kleinen Schweinchen aus dünnem Metall werden auf einem Fließband in eine Theaterkulisse transportiert. Sie erscheinen rechts, kommen hinter einem gerafften Vorhang hervor, fahren dann in die Mitte der Puppenbühne und verschwinden links wieder hinter einem gerafften Vorhang. Ich ziele mit dem Luftgewehr auf den Punkt, wo sie rechts erscheinen, ganz knapp vor dem Vorhang. Wenn ich abdrücke, sobald ein Schweinchenrüssel aus den Vorhangfalten hervortritt und sich vor das Bühnenbild schiebt, muss ich mein Ziel treffen. Jetzt erscheint wieder ein Rüssel. Ich peile durch die Kimme und halte die Luft an, so wie er es mir gezeigt hat. Dann drücke ich ab. Es klackt, und das Schweinchen kippt vom Band.

Was geschieht, was erscheint mir, wenn ich mir einen Ruck gebe und aufstehe, wenn ich den Finger krümme, um zu schießen? Es fängt damit an, dass ich mir eine kleine Geschichte erzähle: »Morgen stehst du um sieben Uhr auf und machst Sport, bevor du dich an den Schreibtisch setzt.« Oder: »Wenn der Rüssel hinter dem Vorhang hervorkommt, hältst du die Luft an und drückst ab.« Das nennt man: »sich etwas vornehmen«. Solche Geschichten kann ich mir selbst erzählen, oder jemand anders legt sie mir nahe, gibt sie mir gleichsam auf. Sie sagt: »Morgen musst du aber um halb sieben aufstehen!« Er rät: »Ziel auf den Punkt, wo der Rüssel hinter dem Vorhang auftaucht, und halte die Luft an, wenn er erscheint!« Meist haben andere mir so eine Anweisung gegeben, und dann gebe ich sie mir selbst. Ich setze ihr Sprechen »in meinem Kopf«, wie man sagt, fort. Aber kann ich mir auch selbst eine Geschichte erzählen, um das zu markieren, was in Zukunft mit mir geschehen soll? Kann ich eine Norm erfinden? Wenn der Wecker klingelt, erinnere ich die Geschichte, die ich mir gestern erzählt habe. Ich sehe, dass es halb sieben ist. Wenn ich mit dem Gewehr ziele, erinnere ich: Luft anhalten, wenn der Rüssel kommt, und abdrücken. Ich kann mich nicht erinnern, mir eine eigene Geschichte völlig neu ausgedacht zu haben, eine Norm, die nur für mich gilt, erfunden zu haben. Wie sollte das gehen? Ich erzähle ja Geschichten in der Sprache, die mir vorgegeben ist. Ich nehme mir Dinge nach den Vorschlägen vor, die mir angeboten worden sind. Meine Tage sind Kombinationen aus Fragmenten der Tage anderer. Aufstehen, duschen, essen, ins Büro, ich lese, schreibe, unterrichte, kümmere mich um die, um die ich mich kümmern muss … All dies tun auch andere, in anderer Reihenfolge vielleicht. Manche vielleicht in genau derselben Reihenfolge. Ich versuche, nicht zu lügen, ich versuche, nicht zu viel Geld auszugeben, ich versuche, freundlich zu sein, ich versuche, mich zu konzentrieren. All dies versuchen auch viele andere, die einen vielleicht mit mehr, die anderen mit weniger Erfolg. Vielleicht gibt es Religionsstifter, moralische Genies, große Gesetzgeber, denen neue Tagesabläufe einfallen, die neue Normen stiften. So einer bin ich nicht. Vielmehr kann es sein, dass ich nicht ganz aufmerksam bin, dass neben die Erinnerung der Geschichten, die ich von anderen übernommen und mir dann selbst erzählt habe, anderes tritt, Gedanken wie: »Es ist angenehm warm hier unter der Decke.« Oder: »Bringt der Sport wirklich was?« Und: »Bin ich wirklich schon ganz ruhig, schwankt der Lauf des Gewehrs nicht? Vielleicht doch besser ein weiteres Schweinchen abwarten, erst beim nächsten abdrücken?« Wenn solche Gedanken mit Prägnanz neben oder über (oder wie immer man es nennen will) die Erzählung treten, in der das, was ich mir vorgenommen habe, irgendwie »geronnen« ist, dann stehe ich nicht auf, drücke ich nicht ab. Was passiert also, wenn ich meine Aufmerksamkeit fokussiere, wenn ich ganz bei »meinem Vorhaben« bleibe? Denn wenn mir das gelingt, wenn keine Ablenkung stattfindet, dann »ruckt« es: Ich stehe auf, ich schieße.

Aber braucht es nicht einen »Ruck«, damit die Aufmerksamkeit auf ein Vorhaben fixiert wird? Wie wandert sie von einem Vorhaben zum anderen, wie von der »Ablenkung« von einem Vorhaben zum nächsten? Wie identifiziert sie ein Vorhaben als »das eigene« und ein anderes als ein »aufgezwungenes«, das man vielleicht auch aufgeben könnte? Das »Projekt« des Leibes, der organischen Zweckzusammenhänge ist die Fortsetzung, die Erhaltung ihrer Aktivitäten, sodass alles, was das behindert, als fremder Zwang wahrgenommen wird: Etwas, was uns bedroht, verletzt, tötet, kann nicht »zu uns selbst« gehören. Doch was, wenn wir uns von den organischen Zwecken distanzieren, wenn unsere Aufmerksamkeit auf sie schaut und sich fragt: Was soll das alles, dieser ganze Quatsch? Und selbst wenn die Aufmerksamkeit diese organischen Zwecke »akzeptiert« (wie geht das eigentlich?) – was dann? Alles, was durch die Rede »in uns« kommt, was von den anderen kommt, gehört das »zu uns«? Welche dieser über die Selbsterhaltung, die Unversehrtheit hinausgehenden »Projekte« sind wirklich »meine«? Habe ich mich da jemals »entschieden«? Wie geht das, das »Entscheiden«? Warum sollte das Vorhaben, aufzustehen oder abzudrücken, »meines« sein? Gibt es erst einen Ruck und dann fokussiert sich die Aufmerksamkeit, oder erscheint mir die Fokussierung der Aufmerksamkeit als ein Ruck, wenn ein gewisser »Phasenübergang« in der Fokussierung erreicht ist? Ist das der Unterschied zwischen digital und analog: der digitale Ruck, die langsam, kontinuierlich auf eine Geschichte, ein Vorhaben sich einzoomende Aufmerksamkeit? Es ist möglich, über den »freien Willen« wie über ein Organ zu reden, wie über die Leber oder die Bauchspeicheldrüse. Als gäbe es geistige Organe. Die Leber verdaut das Fett, die Bauchspeicheldrüse produziert Insulin, und der freie Wille trifft die Entscheidungen. Wie macht er das? Soll das ein »Mechanismus« sein? Das gerade nicht, denn er ist ja frei!

Leid

In der Küche: Dort gab es eine Backhaube, ein kleiner runder elektrischer Ofen, in den man durch ein Sichtglas hineinschauen konnte. Sie buk allerlei Kuchenteige in diesem silbrig-stählernen Gerät, das den Gasherd und den Kohleofen ergänzte. Einmal hatte ich mit der Nase mitbekommen, dass sie wieder etwas angesetzt hatte, und schob einen Stuhl vor das Gestell mit der Backhaube, um durch das Sichtglas hineinzuschauen. Bisher hatte mich immer ein Erwachsener hochgehoben für diesen Blick. Doch auch auf dem Stuhl stehend, reichte ich nicht ganz über das Fensterchen, musste mich auf die Zehenspitzen erheben, um zu sehen, was da im Entstehen begriffen war. Heute weiß ich nicht mehr, was für einen Teig ich damals erblickt habe. Denn als ich mich von den Zehenspitzen wieder auf die Sohlen niederließ, geriet ich ins Wanken und stieß mit dem Kinn auf die Haube. Der Schmerz war zunächst nicht schlimm, doch nach ein paar Momenten heftiger als alles, was ich bis dahin gespürt hatte. Ein wenig Haut war auf der Backhaube zurückgeblieben, das Fleisch an meinem Kinn verbrannt. Ich schrie. Sie behandelte mich mit Salbe.

Ein verbranntes Kinn, verbrannte Finger, ein aufgeschlagenes Knie, Beulen am Kopf, fiebrige Infekte – alle Kindheiten sind, wenn sie harmlos verlaufen und nicht durch Krieg, Missbrauch und Naturkatastrophen betroffen sind, von einer Reihe solcher kleinen Leiden gekennzeichnet. Bis zu einem bestimmten Alter weiß man als Kind nicht, was Schmerzen bedeuten, wie lange sie sich hinziehen, was aus ihnen folgt. Man schreit auf, jammert. Die Ungewissheit und Neuheit der Unannehmlichkeiten verschärfen das Leiden an ihnen. Die Erwachsenen sagen: »Es ist nicht so schlimm.« »Komm, ich puste es weg.« »Das vergeht wieder.«

Später kommen Leiden anderer Art hinzu, während diese kleinen körperlichen Unliebsamkeiten immer besser eingeschätzt und ertragen werden können. Man verliebt sich und wird nicht wiedergeliebt. Man verliebt sich, wird wiedergeliebt, doch dann wird gestritten. Man wird verlassen und verlässt andere, die dann toben. Er: »Wenn das so weitergeht, springe ich aus dem Fenster!« Sie rennt heulend aus der Wohnung und knallt die Tür zu. Wann kommt sie zurück? Das »Liebesleid«, die seelischen Schmerzen, die durch das Entstehen und die Auflösung von Beziehungen entstehen, bei denen emotionale Abhängigkeiten und Ängste, die Gier der Sexualität Intensitäten der Gefühle anfachen, hat seinen eigenen Charakter, fühlt sich anders an als das verbrannte Kinn. Doch auch diese Schmerzen vergehen, man kann sie überstehen. Ich finde keinen Schmerz in mir, der noch andauert, doch ich weiß aus Erzählungen, dass es auch solche gibt, seelische Schmerzen, die nicht vergehen, von Vergewaltigungen, Katastrophen, Kriegen. Als sie alt wurde, wachte sie immer wieder auf, schreckte hoch aus den Träumen von Bombardierungen, des Verschüttetseins im Luftschutzkeller, von Leichenteilen. Schmerzen, die sie nicht verlassen hatten, die mir erspart geblieben sind.

Später treten Schmerzen in den Knien, im Rücken, in den Handgelenken auf, der Magen brennt. Erst nur leicht, dann stärker. Sie sagte, am Blasenkatheter hängend und von Arthrose geplagt: »Wer diese Gebrechen nicht haben will, muss sich vorher eben aufhängen, hab' ich halt nicht gemacht.« Bittere Worte. Diese Schmerzen sind der Anfang vom Ende. Das Ende kann sich hinziehen. Aber es wird in diesem Falle nicht wieder gut. Man kann nur die Dosis der Schmerzmittel erhöhen und vielleicht sagen: Das bin ich nicht, dieser leidende Leib. Doch die Ausweglosigkeit, dass klar ist, dass es nicht mehr besser wird, was für eine Art Leid ist das?

Unterbrechungen der Projektverfolgung: Plötzlich diese Musik im Radio. Ich fahre weiter, doch vergesse den Tag, der mir bevorsteht, lausche, bin »ganz Ohr«. Eine Filmsequenz im fast leeren dunklen Kinosaal einer fremden Stadt. Alle bürokratischen Erledigungen, die mich geplagt haben als etwas, was mir bevorsteht, sind mit einem Schlag verschwunden. Ich bin »ganz Auge«. Sind ästhetische Erfahrungen solcher oder anderer Art ein Unterbrecher unserer Zweckverfolgungen, ein Weg in einen anderen, kontemplativen Zustand?

Auch wenn ich rede, kann ich meine Zweckverfolgungen unterbrechen, zumindest manchmal. Ich kann zu mir selbst reden, allein um die *Betrachtung* von etwas zu unterstützen, um besser zu verstehen. Aber ist da nicht immer noch ein »Um-zu«? Verfolge ich da nicht lediglich ein anderes Ziel, als wenn ich rede, um etwas zu planen oder jemanden zu überzeugen? Wenn ich nach den Wörtern suche, um in einem Gedicht festzuhalten, was sich mit großer Prägnanz zeigt, dann plane ich nicht. Planen und Überzeugen sind zielgerichtete Prozesse, die eine gewisse Zeit brauchen. Planen und Überzeugen sind Handlungen in der Gegenwart, die sich auf die Erfüllung eines Zwecks in der Zukunft beziehen. Wenn ich nach Wörtern suche, dann zielt meine Aufmerksamkeit auch auf die Zukunft. Aber das, was ich sagen will, worüber ich sprechen will, ist schon da: dieser Baum, diese Krähe, der Regen, das Rauschen des Windes.

Manchmal rede ich mit mir selbst oder schreibe ins Tagebuch, um besser zu sehen, in welcher Situation ich bin. Ich kann versuchen, mir selbst in meinen Reden meine Situation, wie wir sagen, »vor Augen zu führen«. Ich kann mich fragen: »Was ist das für eine Furcht, für eine Wut, in der ich bin? Woher kommt die Freude an diesem Anblick?« Ich kann den Zustand, in dem ich die Rede auf diese Weise verwende, einen »kontemplativen« nennen. Gibt es eine rein *betrachtende* Rede, ohne jede Spur von Planung? Oder müssen wir ganz verstummen, um nicht mehr zu planen, keine Zwecke mehr erfüllen zu wollen?

Gibt es eine Rede, die mir zeigen kann, wie es jetzt ist? Auch das scheint eine Zweckverfolgung: wissen wollen, in welcher Situation ich jetzt bin. Doch scheint da keiner zu sein, der mit Planungen von Handlungen als Mitteln zu zukünftigen Zweckerfüllungen notwendig verbunden ist. Ich bin jetzt in einer bestimmten Situation, doch mir ist jetzt noch nicht klar, was das eigentlich für eine Situation ist. Deshalb betrachte ich meine Lage.

Es ist erwogen worden (unter anderem von Spinoza), dass man etwas *intuitiv* und ohne sich auf die Zukunft zu beziehen erkennen, dass »mit einem Schlag« ein Überblick gelingen kann. Das mir Gegenwärtige zu erkennen, nicht um etwas Zukünftiges zu erreichen, könnte das eine andere Art der Erkenntnis sein als die, die taugliche Mittel für vorgegebene oder selbst gesetzte Ziele findet? Könnte es eine andere Art der Erkenntnis sein als jene, welche die »für mich richtigen Ziele« ausfindig macht?

Sicher kann man seine Situation zu erkennen versuchen, um herauszufinden, wie man »weitermachen« soll. Aber kann ich nicht auch einfach meine Situation zu erkennen versuchen, als »Selbstzweck«, ohne mit ihr und ihrer Erkenntnis etwas in Zukunft anfangen zu wollen? Kann die Anstrengung zu einer solchen Erkenntnis von dem Bedürfnis motiviert sein, zu verstehen, was »Weitermachen« oder »Durchhalten« eigentlich bedeuten? Ist das eine spezielle Variante der sogenannten Selbsterkenntnis? Denn ich bin ja immer in irgendeiner bestimmten Situation, solange ich lebe.

Der Versuch, die Situation, in der ich in einem Moment bin, zu erkennen, lenkt die Aufmerksamkeit von der Zukunft, in der ich Erfolg beim Erreichen eines Zwecks haben oder auch scheitern kann, auf die Gegenwart. Statt Zwecke zu erfüllen, statt zu handeln, frage ich mich: »Was mache ich jetzt hier eigentlich gerade?« Die Frage wirkt unscheinbar. Doch sie ist mit Komplikationen verbunden. Denn sowohl das Wort »ich« wie die Wörter »jetzt« und »hier« funktionieren auf spezielle Weise. Mit »ich« ist immer diejenige Person gemeint, die das Wort gerade äußert, und mit »jetzt« und »hier« immer die Zeit oder der Ort, in der und an dem gerade gesprochen wird. Nun habe ich diese Wörter zu benutzen gelernt, als ich mich an die Regeln in der Gemeinschaft der Sprechenden gewöhnt habe. Was ist da mit mir geschehen? Meist ist das »Ich« eine Person, aus der das und das *werden* soll. Meist ist das »Jetzt« die Situation, die sich zu dem und dem Prozess oder Zustand *entwickeln* soll. Was passiert, wenn ich diese Perspektive ausschalte, von ihr »zurücktrete«? Was bin ich, wenn ich nicht jemand bin, der sich entwickeln soll oder entwickelt hat? Was ist die Gegenwart, wenn sie nicht die Situation ist, die auf etwas Erwünschtes oder Befürchtetes hinausläuft? Sind Ich und Jetzt dann nicht ganz »leer« (wie es in manchen mystischen Traditionen heißt)? Ist die Aufmerksamkeit, die sich von allen Bestimmungen, die ich in meinem Leben erfahren habe, biologischen wie sozialen, distanzieren, von ihnen zurücktreten kann, die alle Perspektiven anschauen kann, ohne sich mit dem, was sie anschaut, zu identifizieren, nicht sowohl die Voraussetzung aller Zweckverfolgungen wie auch der Abstandnahme von ihnen, ihrer Unterbrechung? Ist diese Aufmerksamkeit ein Ich? Ist es nicht sinnlos, ein leeres Ich, das nicht so und so beschaffen ist, sozial oder biologisch, ein Ich zu nennen? Was wäre eine Reflexivität ohne Zeit, ohne Erinnerung und ohne Planung? Ein Jetzt, eine Aufmerksamkeit, die sich selbst als ein »stehendes« Muster erfährt? Ist das Erscheinen der Zwecke in dieser Aufmerksamkeit und die Möglichkeit, von ihrer Verfolgung zurückzutreten, nicht eine spezifische Form von Freiheit, keine Handlungsfreiheit eines Ich, sondern eine kontemplative Freiheit? Wenn diese Aufmerksamkeit kein Ich ist, ist sie dann überhaupt etwas Einzelnes? Mir scheint das nicht so. Kann »etwas«, das nichts Einzelnes ist, frei sein? Wenn diese Aufmerksamkeit kein bestimmtes Einzelnes ist, ist sie dann etwas Abstraktes wie eine Zahl? Auch das scheint mir nicht der Fall zu sein. Aber kann sie dann überhaupt etwas sein, wenn sie weder etwas konkretes Einzelnes noch etwas Abstraktes ist? »Nicht etwas, doch auch nicht nichts.«

Der Weg hinaus

Wo ist der Weg hinaus? Ist es derselbe wie der hinein, so wie der Weg, der den Berg hinaufführt, derselbe ist wie der, der hinabführt (wie Heraklit gemeint hat)?

Nur vierzehn Tage lag er im Pflegeheim, vorher mehrere Jahre zu Hause todkrank. Erst auf dem Sofa. Da wusste er noch, wo er war, dann im Bett. Da wusste er nicht mehr, wo er war, wer er war. Die meiste Zeit hatten wir ihn selbst gepflegt. Schon bevor ihm zum ersten Mal die Diagnose mitgeteilt wurde, dass er nicht geheilt werden könne, hatte ihn Panik erfasst. Er wollte sich nicht operieren lassen, obwohl gar nicht klar war, ob er unter einem bösartigen oder einem gutartigen Geschwür litt. Schon bei dem Wort »Geschwür« schien er sofort den Tod zu fürchten. Nachdem er es dann doch hatte entfernen lassen, brauchte er lange, um wenigstens teilweise zu genesen. Schläuche führten in seinen Körper hinein und wieder hinaus, nach ein paar Stunden im Operationssaal schien er um Jahre gealtert.

Danach arbeitete er nicht mehr, erst »krankgeschrieben«, dann vorzeitig verrentet. Die soziale Existenz schmolz zusammen. Bald schloss sich die nächste Erkrankung an, die das Gehirn zerrüttete. Die Panik, die ihn nur kurz während der Erschöpfung nach der Operation verlassen hatte, kam zurück, steigerte sich und mischte sich mit Wahnzuständen. Ist das die Spiegelung der Euphorie beim Aufstieg, die Panik beim Abstieg, die Furcht vor dem Fallen?

Wenn ich zu ihm ans Bett trat, um ihm zu erklären, dass ich jetzt in die Schule müsse, in sechs Stunden zurück sei und ihm die Zeit auf dem Wecker auf seinem Nachttisch zeigte, begann er zu zählen: »Sieben, acht, neun, zehn, elf, zwölf, eins, sieben, acht, neun, zehn, elf, zwölf, eins …« Ich lauschte auf dieses Zählen, bevor ich die Wohnungstür zuzog, um mein Fahrrad aus dem Keller zu holen und zur Schule zu fahren. Wenn ich aus der Schule zurückkam und das Schlafzimmer wieder betrat, konnte es sein, dass er mich mit angstvoll aufgerissenen Augen anstarrte und schrie: »Wer sind Sie denn, was wollen Sie von mir?«, und sich die Bettdecke bis zur Nase zog, um sich zu schützen oder zu verbergen. In diesen Momenten erkannte er mich nicht. Die Welt schien ihm schon fremd geworden zu sein. Wird sie beim Ausgang wieder fremd, so wie sie beim Eingang noch fremd ist? Er redete mit einem alten Lederkoffer, der auf dem Schlafzimmerschrank lag, aber nicht mehr benutzt wurde, weil wir nicht mehr verreisen konnten. Ich weiß nicht, ob er das tat, um sich zu beruhigen oder zu trösten, oder ob er ihn tatsächlich für ein Wesen hielt, das ihn verstehen konnte. »Kommen Sie da runter!«, rief er oder: »Sie haben es sich aber mal wieder bequem gemacht da oben!« »Wer hat es sich da oben bequem gemacht?«, fragte ich. »Na, der Koffer!«, sagte er und zeigte auf das verstaubte lederne Utensil auf dem Dach unseres birkenhölzernen Schlafzimmerschranks. »Der Koffer hat viel zu lange Haare!« Ich verstand ihn nicht mehr. Wie konnte er den Koffer als Koffer erkennen und ihn doch auffordern, vom Schrank herunterzukommen, und meinen, er habe es sich bequem gemacht und »seine Haare« zu lang wachsen lassen? Erscheinen beim Abstieg vielleicht überall Ansprechpartner, seien sie nun eingebildet oder wirklich (was immer das ist), auch »in« den Dingen? Irgendwann begann er, nachts laut Kinderlieder zu singen. Vielleicht versuchte er so die Todesfurcht zu vertreiben. Wusste er überhaupt, in welcher Situation er war, fragte ich mich, wenn er mich nicht mehr erkannte und mit dem Koffer auf dem Schrank sprach. Wie musste es sein, mit Menschen konfrontiert zu sein, die man nicht mehr erkennt, vielleicht das Zimmer, in dem man liegt, nicht mehr zu erkennen, aber gleichzeitig von Todespanik und Einsamkeit erfüllt zu sein? Dass er von Todespanik und Einsamkeit erfüllt war, schien mir auf der Hand zu liegen. Warum sollte er sonst die Stunden zählen bis zu meiner Rückkehr, wenn ich die Wohnung verließ? Ist es auch so auf dem Weg hinein? Wir kennen ja noch nichts und niemanden am Anfang. Alle Dinge sind fremd. Wir haben uns an noch nichts gewöhnen können, wenn wir gerade geboren sind. Aus dem Mutterleib herausgepresst, sind wir von Wesen und Gegenständen umgeben, die wir nicht einschätzen können. An welchem Ort sind wir? Kein Wunder, dass Babys schreien, zurückwollen in die Situation, in der sie entstanden sind, in den sich wiegenden Raum in der Mutter. Oder gibt es die Unterscheidung von fremd und vertraut zu dieser Zeit noch gar nicht? Schon wieder diese Frage nach einem Zustand vor den Unterscheidungen! Wir lächeln etwas Rundes an. Vielleicht ein bloßer Reflex des Organismus, damit er nicht gefressen wird. »Fremd bin ich eingezogen, fremd zieh ich wieder aus.«

Wir hatten ihm neben den Wecker eine Miniaturkuhglocke aus Blech gestellt, irgendein Souvenir aus einem der Ausflugsorte, die wir früher, vor seiner Krankheit, am Wochenende besucht hatten. Damit solle er schellen, falls er etwas bräuchte. Manchmal schellte er, ich lief ins Schlafzimmer, doch er wusste nicht, was er wollte, oder wollte nichts, konnte aber nicht sagen, dass er einfach nur Gesellschaft brauchte. War das wie das Schreien eines Säuglings? Wenn ich mich wieder zum Gehen wandte, um mich an meine Hausaufgaben zu setzen, griff er gleich wieder zur Kuhglocke und schellte, manchmal schellte er wie verzweifelt weiter, die Hand mit aller Kraft schüttelnd, auch wenn ich schon neben seinem Bett stand, als habe er nicht *mich* herbeirufen wollen, sondern irgendjemand anderen, vielleicht jemanden aus seiner Vergangenheit (denn oft tauchten in seinen Reden Namen von Menschen auf, die er wohl vor dem Krieg gekannt hatte, aus seiner Jugend, Freundinnen und Freunde), oder er wollte irgendeine Rettung herbeiklingeln, und ihm war klar, dass *ich* diese Rettung nicht sein konnte.

Einmal, als er noch sagen konnte, dass er aufs Klo muss, ich ihn dorthin begleitet hatte und er dort saß, breitete er die Arme aus und lehnte sich plötzlich zurück, nein, er sank zurück, als säße er auf der Bettkante und nicht auf der Toilette, als könne er sich in Kissen oder irgendeine Geborgenheit fallen lassen. Doch er stieß hart mit dem Kopf gegen das Wasserrohr, das vom Spülkasten an der Wand herunterlief. Ich versuchte ihn aufzurichten. »Ich kann nicht mehr«, sagte er.

Er weinte. Ich weiß nicht, ob es vor Schmerzen war, weil er sich gestoßen hatte, oder aus Verzweiflung. »Hier kannst du dich nicht hinlegen«, sagte ich und brachte ihn wieder in eine Sitzhaltung. Da ergriff auch mich eine Verzweiflung. »Er kann nicht mehr«, dachte ich und: »Was soll ich machen?«

Damals übertrug sich eine Stimmung von ihm auf mich, wie es ja oft zwischen Menschen geschieht, so als »infizierten« sie sich bei jemand anderem emotional. Erst später, als Erwachsener, dachte ich nach und versuchte mir genauer vorzustellen, in welcher Situation er wohl war. Die Mischung aus Desorientierung und Panik erschien mir schon als Kind als eine Art »Hölle«, auch wenn ich damals noch nicht sagen konnte, dass er in einer Mischung aus Desorientierung und Panik steckte. Hatte ich das Wort »Hölle« damals? Ich glaube schon. Wo hatte ich es her? Ich weiß es nicht mehr. Es kam nicht aus der Kirche. Erwachsene ließen oft die Redewendung fallen: »Das war die Hölle.« Und es gab Witze in den Illustrierten mit geschwänzten Teufelchen, die jemanden mit einem Dreizack traktierten oder brieten. Ich glaubte nicht, dass er bestraft wurde. Das Gefühl, das sich auf mich übertragen hatte, als eines, in dem ich meinte, »seine Hölle« kurz zu spüren, war eines der Einsamkeit, Ausweglosigkeit und Verzweiflung. Führt der Weg hinaus immer durch so eine »Hölle«? Wie konnte es sein, dass jemand, der seinen Sohn nicht mehr erkannte, dennoch Todesangst litt? Ist diese Furcht vor dem Tod vielleicht etwas Organisches, gar nichts Persönliches? Warum vergaß er nicht auch einfach seine Krankheit? Das wäre doch eine Erleichterung gewesen. Wo bleibt hier die Anpassung des sonst so cleveren Organismus? Aber am Ende sind diese Anpassungen ja nicht mehr nötig, heißt es, weil keine Nachkommenschaft mehr gezeugt wird. Unsinn, als wäre der Tod vor allem etwas Organisches! So kann es nicht sein! Hatte er vielleicht vergessen, auf welchem Weg er war, und die Panik war da, ohne dass er wusste, warum? Kann man einsam und verzweifelt sein, auch wenn man nicht mehr weiß, in welcher Situation man ist, dass man stirbt? Oder weiß das ein Organismus immer, wenn es auf das Ende zugeht? Das Bild, dass ein Mann die Arme ausbreitet und sich zurücklehnt, so als wolle er sich ausruhen (aber es gibt keine Ruhe), hat sich mir eingeprägt. Spuken in all unseren Köpfen solche Bilder? Steht unser Leben meist unter solchen Bildern, die wir nicht gewählt oder selbst gestaltet haben, die von irgendwelchen Erfahrungen herkommen, die sich uns »eingebrannt« haben, wie man so sagt, seien es nun Traumerfahrungen oder solche aus der sogenannten Wirklichkeit? Können wir andere Bilder suchen und erschaffen?

Das Pflegeheim teilte mit einem Telefonanruf mit, »dass es zu Ende gehe«. Wir fuhren an einem sonnigen frühen Sonntagnachmittag zu ihm. Auch ihr Bruder wollte kommen. Als wir sein Zimmer betraten, lag er da mit offenem Mund, der Brustkorb hob und senkte sich heftig, wie von einer äußeren Mechanik betrieben, die Augen fest geschlossen, zusammengepresst, als konzentriere er sich auf etwas mit aller Kraft. Er reagierte nicht auf unser Kommen und die Worte, die wir an ihn richteten. Ein lautes Röcheln, manchmal auch Glucksen aus dem geöffneten Mund erfüllte den Raum. Sie setzte sich zu ihm auf einen Stuhl neben dem Bett und nahm seine rechte Hand. Ich setzte mich ans Fußende und tastete nach seinen Füßen. Als mein Onkel eintrat, blieb er in der Nähe der Tür stehen. Ich weiß nicht, wie lange wir so bei ihm gesessen hatten, als mein Onkel näher zu uns herantrat. Er beugte sich zu ihr und sagte, er könne das nicht mehr ertragen, müsse gehen.

Einige Zeit nachdem mein Onkel den Raum verlassen hatte, hörte das Röcheln plötzlich auf. Er öffnete die Augen und richtete sich ein wenig auf, schaute mit klarem und ruhigem Blick. Alle Panik war verschwunden. »Warst ein gutes Mädchen«, sagte er zu ihr, »vielen Dank«, und: »ein guter Junge« zu mir. Ich war froh, dass er das sagte, auch wenn das jetzt einfach nur konventionell klingt. Ich war froh, dass er ruhig war. Dann legte er sich wieder hin. Wir blieben noch ein Weilchen. Jetzt atmete er ruhiger. Hatte er das Sterben gelernt? Mir schien es, als wäre er vorher ein Kind gewesen und jetzt nicht mehr. Als es dunkel geworden war, fuhren wir nach Hause. Am Morgen kam wieder ein Anruf aus dem Pflegeheim, er war um vier Uhr morgens gestorben.

Es war eine »Erleichterung«, wie man so sagt. Ich war froh, dass er am Schluss ohne Furcht schien. Manchmal fragte ich mich, ob es schlecht sei, so zu empfinden. Doch einige Erwachsene hatten bei der Beerdigung gesagt, was auf vielen Beerdigungen gesagt wird: »Eine Erlösung, auch für euch.« Ich dachte später, sein Tod würde etwas anderes für mich bedeuten, hätte er nicht noch einmal furchtlos und klar gesprochen und sich verabschiedet. Später las ich, dass es nicht selten ist, dass Sterbende, die schon in das sogenannte »Koma« gefallen sind, wieder aus ihm erwachen und sich in einem klaren Moment an ihre Angehörigen wenden, so als mobilisierten sie noch einmal, was man »die letzten Kräfte« nennt, um sich zu verabschieden. Ja, ich las später als Student (bei Philippe Ariès), dass es früher sogar *erwartet* wurde, dass Menschen einen solchen Moment haben, bevor sie den Weg hinaus nehmen. Ich fragte mich, ob das Leiden, das er vorher hatte ertragen müssen, so etwas wie eine Bedingung für diese letzte Klarheit war. Vielleicht musste er das durchstehen, um den Weg hinaus überhaupt finden zu können. Doch dann dachte ich, dass ich das vielleicht nur dachte, um dem Leiden einen Sinn zu geben.

Es scheint mir plausibel, manche Sterbeprozesse als eine Art Abschmelzen zu betrachten: Erst schmilzt die soziale Identität. Man verabschiedet sich von seinem Beruf, geht in Rente, trifft immer seltener ehemalige Kollegen, Freunde sterben. Dann setzt der biologische Zerfall ein. Man muss sich von alldem verabschieden, alles wieder abgeben. Es ist sinnlos, sich vorzumachen, dass man bleiben könnte als das soziale und biologische Wesen, das man ist. Doch solche »Einsichten« sind leicht dahingesagt. Emotional sind sie schwer zu ertragen oder, wie man sagt, zu »bewältigen«. Und das verursacht das Leiden, scheint es mir, dass wir das »im Herzen« nicht akzeptieren können oder nur in einem langwierigen Prozess zu akzeptieren lernen müssen, dass diese sozialen und biologischen Identitäten an ein Ende kommen, die mit ihnen verbundenen Zwecke nicht mehr verfolgt werden können. Die Menschen sterben sicherlich auf sehr unterschiedliche Art und Weise. Nicht immer mag es so ein Leiden geben, das vielleicht zu einer derartigen Akzeptanz führt. Manchmal mag es einfach nur ein Leiden geben.

Wenn Zwecke des sozialen und biologischen Lebens die Aufmerksamkeit in eine Enge führen, warum ist dann das Abfallen der Zwecke dieses Lebens im Sterben für uns mit Angst und Schrecken verbunden? Für mich ist das so. Mir erscheint der Tod als eine große Bedrohung. Die Furcht, dass auch ich werde durchmachen müssen, was er durchmachen musste, scheint mit dem Alter zu wachsen. Die Sprechstundenhilfe aus meiner Hausarztpraxis ruft mich an dem Tag an, an dem eine MRI-Aufnahme vom Inneren meines Körpers genommen worden war. Ich solle nicht wie vereinbart morgen um 11:30 Uhr, sondern schon gleich um 9 Uhr in die Praxis kommen. Ob es einen ernsten Befund gebe, frage ich. Ja, sehr ernst, sagt sie. Ich erschrecke. Ob mich der Arzt noch heute Abend zurückrufen könne. Sie werde es ausrichten. Ich laufe zwei Stunden in Todesangst herum, denke, »sie« müssen eine tödliche Krankheit in meinem Inneren gefunden haben. Die ganze Welt erscheint mir plötzlich wie ein Theater, das diese Tatsache, dass irgendwann in uns eine Todeskrankheit auftritt, zu verdecken versucht. Alle Zweckverfolgungen sind nur Mittel, diesen Schrecken zu verbergen, scheint es mir für einen Moment. Doch dann ist es nichts Lebensbedrohliches, wie mir der Arzt mitteilt. Und schon kippt die Welt wieder in einen anderen Modus, schon werden all die Zwecke wieder wichtig, die gerade noch scheinhaft erschienen. Ich denke daran, was ich noch erledigen muss bis morgen oder noch essen könnte heute Abend.

Das Ideal: die Welt als Muster, als Kontinuität von Phänomenen. Was mir erscheint in ihr, als ein Muster teilhabend an allen anderen Mustern. Jedes Muster hat teil an allen anderen, sodass »alles« »in« ihm ist. Doch das ist der andere Zustand. Das ist nicht der Zustand meines furchtsamen Organismus, der sich erhalten will. Das ist nicht der Zustand meines sozialen Ichs, das »aufsteigen« will. Das ist der Zustand, in dem »Körper und Geist abgefallen« sind.

Zwar ist der Tod oft unabhängig vom anderen Zustand als Befreiung verstanden oder gedeutet worden (beispielsweise von Platons Sokrates). Doch ich kann nur selten denken: »Es ist wie das Versinken in einem traumlosen Schlaf, alle Ziele und Bedrängungen werden dann verschwinden, es wird ruhig werden.« Nur wenige Menschen scheinen ihm erleichtert mit solchen Gedanken entgegenzugehen. Aber vielleicht irre ich mich da. Ist in unserer sozialen und biologischen Identität ein »Selbsterhaltungstrieb« eingebaut, der diese Paniken auslöst, wenn die Zwecksetzungen verschwinden? Doch ist die

Annahme eines solchen »Triebes« nicht ein ziemlich hilfloser und banaler Erklärungsversuch? Und selbst wenn eine solche Erklärung zuträfe, was hätten wir durch sie gewonnen?

Was sind denn »der Sexualtrieb« und »der Selbsterhaltungstrieb«? Sind das nicht Metaphern aus dem Maschinenwesen? Die Lokomotive wird durch einen Elektromotor »angetrieben«, das Auto durch einen Dieselmotor, der Raketenantrieb verbrennt Wasserstoff. Diese Antriebe kann man sehen. Ingenieure können mir Elektromotoren, Dieselaggregate, Wasserstofftanks *zeigen*. Aber kann ich den Geschlechtstrieb oder den Selbsterhaltungstrieb sehen? Fühle ich diese Triebe? Ich fühle Freude und Lust, wenn sich mir jemand zuwendet und mich zärtlich berührt, Schmerz und Furcht, wenn mir jemand droht und mich verletzt. Ist mir dabei ein Trieb gegeben? Mir scheint das nicht der Fall zu sein. Ein Lächeln oder eine streichelnde Hand können mir präsent sein, ebenso ein von Wut verzerrtes Gesicht und ein Faustschlag in die Magengrube, doch Triebe?

Was ist es an den Einzelwesen, das sie sich erhalten lässt? Nach Spinoza strebt jedes Einzelwesen danach, sich selbst zu erhalten. Ist das eine einfache Tatsache, die keiner weiteren Begründung bedarf, die man nur feststellen kann?

Die Aufmerksamkeit, in der mir die Furcht vor dem Verlust meiner sozialen Identität bewusst wird (als Furcht vor dem Verlust meines Berufes oder meines Ansehens oder des Bildes, das ich mir von mir gemacht habe) oder in der meine Todesangst als Furcht vor dem Ende meiner leiblichen Identität erscheint, scheint mir dagegen anders als Triebe tatsächlich gegeben zu sein, mir »direkt« zu erscheinen in Zuständen der Ruhe. Die Aufmerksamkeit scheint sich auf sich selbst »zurückbiegen« zu können, sie scheint, wie es etwas hochtrabend heißt, reflexiv zu sein. Ich frage mich, was ich gerade fühle, und nehme dann meine Angst wahr, vielleicht auch als ein Herzklopfen, eine Enge in der Brust, ein beschleunigtes Atmen, wenn ich ganz aufmerksam bin. Und dann nehme ich wahr, dass ich das wahrnehme. Eine Distanznahme scheint einzutreten, was aber auch wieder eine Metapher ist: Man tritt im Raum einen Schritt zurück. Doch in dem Moment, in dem ich gewahr werde, dass ich auf mein Herzklopfen aufmerksam bin, bin ich nicht mehr einfach nur mein Herzklopfen. Alles, was mich als soziales und als biologisches Lebewesen betrifft, scheint potenziell in dieser Aufmerksamkeit erscheinen zu können. Ist sie deshalb etwas von meiner sozialen und biologischen Identität Verschiedenes, das das Ende von beidem: des sozialen und des biologischen Wesens, übersteht? Ich kann es nicht wissen, denn der Tod ist mir noch nicht erschienen. Ich kenne ihn nur »von außen«.

Die Frage nach der Aufmerksamkeit, ob sie verschieden von dem ist, was wir als soziale und biologische Wesen sind, ist nicht die nach dem Verhältnis von Leib und Seele. In dieser Frage stellt sich eher ein Problem, das es auch beim Nachdenken über den Raum und die Zeit gibt: ob es den *leeren* Raum und die *leere* Zeit gibt (wie Newton glaubte) oder sie nur das Verhältnis der Dinge und Erfahrungen sind (wofür Leibniz plädierte). Analog kann man sich fragen, ob es die *leere* Aufmerksamkeit gibt oder Aufmerksamkeit nur das Verhältnis der persönlichen Erlebnisse zueinander ist. Gäbe es die leere Aufmerksamkeit, gäbe es dann nicht auch etwas »jenseits« der einzelnen Erfahrungen, jenseits meines persönlichen Stroms an Erlebnissen? Wenn meine soziale und biologische Existenz endet, dann könnte es immer noch diese Aufmerksamkeit geben, die auch mein persönliches Erleben »gespeist« hat, sofern ich als soziales Wesen auf diesen oder jenen Vorteil aus und mein »Wille« auf dieses oder jenes »ausgerichtet« war. Vielleicht ist das, was wir mit »Wille« bezeichnen, nichts anderes als die so »in die Enge getriebene« Aufmerksamkeit. Die Aufmerksamkeit mag alles an Erfahrungen »in sich aufnehmen«, aber in biologischen Wesen mag sie »kanalisiert« sein, sodass »wir« bewusst nach dieser oder jener Nahrung streben, nach Indizien forschen, um das, was für die Zwecke, die »uns« eingepflanzt worden sind, wichtig sein könnte, ausfindig zu machen. Was hieße es, wenn sich diese Aufmerksamkeit ganz auf sich zurückbiegt, sich von ihren sozialen und biologischen Kanalisierungen »befreite«? Verschwände dann auch die Furcht vor dem sozialen und biologischen Ende? Ist es das, was die Mystiker anstrebten, wenn sie (wie Meister Eckhart) davon sprachen, man solle »seinen Willen und sich selbst *lassen*«? Hatte er das geschafft, als er noch einmal aus dem Koma erwachte? War er, als er die Augenlider so zusammenpresste, als konzentriere er sich, damit beschäftigt, seinen Lebenswillen fallen zu lassen? War ihm das schließlich gelungen, sodass er uns ohne Furcht wiedererkennen konnte? Doch wer ist es, der das schafft? Wird hier etwas »geschafft«, oder geschieht nur einfach etwas?

Bewegtes Bild: Mandelbrots Kaleidoskop

In unseren Reden teilen wir, was uns erscheint, in Anfänge, Mitten und Enden ein. Wir unterscheiden die Dinge und Prozesse voneinander, zerstückeln den Fluss der Erscheinungen mithilfe der uns vorgegebenen Allgemeinbegriffe und Zielvorstellungen: Dies ist ein Wesen jener Art, das sich zu dem und dem entwickeln und eine schöne oder weniger schöne Repräsentantin seiner Gattung sein wird. So wird etwa ein

Hund geboren, als ein »gutes« und »schönes« Tier beurteilt, wird krank und stirbt irgendwann. Ein Soldat und guter Läufer gerät in einen Krieg, rennt in einer kritischen Situation in Marathon los und kommt in Athen an sein Ziel, um vor einer Bedrohung zu warnen, und erweist sich als ein besonders aufopferungsvoller Mensch, als ein »Held«, dessen Geschichte wir erzählen und die wir auf das Ziel der Heldentat zulaufen lassen können: »Er war geboren, das zu tun«, sagen manche dann. Auf diese Weise können wir mit unserer Rede alles, was uns erscheint, in Geschichten einbetten, die Anfänge und Ziele haben. Weil wir selbst im Zusammenhang dessen, was uns erscheint, vorkommen, können wir durch diese Geschichten auch betroffen sein: *Unser* Hund stirbt, kommt an sein Ende, und wir sind traurig, auch weil wir ihn als ein so gutes und schönes Tier beurteilt haben. Der Läufer aus Marathon spricht *zu uns* über ein persisches Schiff, und wir sind froh, uns noch retten zu können dank seiner Heldentat.

In meiner Vorstellung kann ich jedoch darüber hinaus auch so tun, als könnte ich *alles*, was mir, und alles, was allen Menschen, alles, was allen Tieren erscheint und erschienen ist und jemals erscheinen wird, in einen *Zusammenhang* bringen, indem ich mir etwa »und so weiter« sage, während ich daran denke, was den Wesen, die *vor* mir gelebt haben, erschienen ist, oder dasselbe sage, während ich daran denke, was den Wesen, die *nach* mir leben werden, erscheinen wird. Statt zu zerteilen oder zu analysieren mit den Instrumenten der Allgemeinbegriffe und der Zielvorstellungen, kann ich versuchen zusammenzufügen, und zwar mehr, als sich im Zusammenhang dessen zeigt, der mir tatsächlich erscheint. Ich kann in der Fantasie auch das, was anderen Wesen erscheint, erschienen ist und erscheinen wird, mit dem, was mir erschienen ist, zusammentun. In Wirklichkeit geht das alles natürlich nicht, nur in meiner Fantasie. Denn alles, was erscheint, erscheint ja mir in einer bestimmten endlichen Perspektive, durch meine Augen, meine Ohren, meine Nase, meine Zunge, meine tastenden Hände. Ich kann das, was alles erscheint, nicht wirklich mit den Armen eines Oktopusses ertasten, mit den Augen eines Falken sehen, mit der Nase eines Hundes riechen, mit den Ohren einer Fledermaus hören. Meine Aufmerksamkeit ist ja in diesen Leib kanalisiert. In diesen Kanal passt nicht *alles*. Ich bilde nur in meiner Fantasie die Fiktion einer »Welt«, in der alle Perspektiven des Erscheinens und alle Phänomene, die erscheinen, miteinander verschmelzen. Aber wenn es keine bestimmte Perspektive mehr gibt, gibt es gar keine mehr, scheint es. Diese Welt ist eine *imaginierte Totalität,* über die man »nur« eine fiktive Erzählung anfertigen kann. In dieser imaginierten Welt gibt es den Unterschied zwischen dem Geistigen und dem Materiellen nicht, wenn das Geistige das Subjektive ist und das Subjektive das ist, was an eine bestimmte Perspektive gebunden bleibt, und das Materielle sich auf einzelne Bestimmtheiten im Raum bezieht. In dieser Fiktion gibt es nur die Welt oder die Aufmerksamkeit als das »Darin« aller Phänomene, die sich vielleicht auf sich selbst bezieht, vielleicht »sich selbst liebt« (wie Spinoza sagt).

In der Geschichte vom fliegenden Menschen, dessen Sinne alle verschlossen sind und der in der Luft frei schwebend dennoch spürt, dass er existiert (von Avicenna), mag eine solche perspektivenlose reflexive Aufmerksamkeit angedeutet sein. Und vielleicht ist es auch möglich, in den anderen Zuständen, in denen die Unterscheidungen und Zwecksetzungen von uns »abfallen«, aufmerksam zu bleiben, ohne es »durch unseren Leib« und »durch unsere Sprache« hindurch zu sein. (War es so, als der Vogel vom Ginkgo- zum Pflaumenbaum flog?) Wäre eine allgemeine Aufmerksamkeit, in der alle Perspektiven »eingeschmolzen« sind, eine nicht unterscheidende, nichts anstrebende Wachheit, so ein gigantischer fliegender Mensch, ein »großes« reflexives Gefühl des »Das-bin-ich«, ohne dass auf etwas anderes geblickt würde, eine »reine« wache Reflexivität, in der das »Gesicht des ganzen Weltalls« (wie sich Spinoza einmal ausdrückt) erschiene, eine allgemeine Aufmerksamkeit, die sich selbst erblickte? Denn es scheint mir, dass die Aufmerksamkeit immer auch reflexiv ist, dass sie sich immer auf sich selbst »zurückbiegt«, auch wenn wir auf etwas Bestimmtes aufmerksam sind, ja, dass das Aufmerken auf etwas eine Ablenkung des Aufmerkens der allgemeinen Aufmerksamkeit auf sich selbst ist. Vielleicht kann sich das Aufmerken der Aufmerksamkeit auf sich auch durch die Aufmerksamkeit auf etwas Bestimmtes realisieren. Vielleicht ist das der andere Zustand.

Für meine endliche, leiblich und sprachlich bedingte Perspektive gilt, dass eine Erscheinung für mich dann und dann, zu einer bestimmten Zeit, anfängt und dann und dann aufhört. Auch diese zeitliche Begrenzung käme im Bild der verschmolzenen Perspektiven nicht mehr vor. Das Verschwinden der Unterscheidungen und der Zwecke wäre auch ein Verschwinden der Zeit (eine Aufmerksamkeit in der Ewigkeit, nochmals Spinoza: Erkenntnis *sub specie aeternitatis*). Weil der Prozess des Erscheinens für mich irgendwann angefangen hat und irgendwann enden wird, verstehe ich, dass ich ein endliches Wesen bin, und frage mich irrtümlicherweise, ob der Prozess aller Erscheinungen vielleicht selbst auch eine Geschichte hat, die anfing und eventuell sogar auf »etwas« hinausläuft (wie einen »Weltenbrand« oder »das Jüngste Gericht« in den klassischen Mythologien). Doch für wen sollte es diese Anfänge und Enden geben, wenn alle Perspektiven eingeschmolzen sind?

Vorstellungen (nicht Erfahrungen in einem anderen Zustand) von solchen Anfängen und Enden sind Spielereien oder – etwas vornehmer ausgedrückt – so etwas wie kosmologische Spekulationen über die Endlichkeit oder Unendlichkeit und die mögliche Zweckhaftigkeit »der Welt«. Im Grunde beginnen schon die kleinen Kinder in ihren Bettchen zusammen mit ihren Eltern vor dem Einschlafen damit, wenn sie einmal die Verwendung der Phrase »und so weiter« begriffen haben. Doch auch sehr intelligente Physiker können mit hohem mathematischen Aufwand solche Spielchen betreiben, wenn diese vom Urknall und dem Wärmetod der Welt handeln. Kinder fragen: »Und davor, was war vor dem Urknall?« oder: »Und danach, was kommt danach, wenn alles stillsteht?« oder: »Und so geht es dann immer weiter?«

Weil wir nichts über die Gesamtheit der Erscheinungen wissen – denn wir wissen ja nur in dieser oder jener Perspektive –, die wir lediglich als Fiktion mit dem Namen »Welt« belegen können, ja, weil wir nicht einmal wissen, ob es sinnvoll ist, von einer »Gesamtheit der Erscheinungen« zu sprechen, denn »in was« sollte diese Gesamtheit der Erscheinungen »gebildet werden«, sodass sie unterscheidbar wäre, von anderen Gesamtheiten, ebenso wissen wir nichts über den Anfang oder das Ende »unseres Lebens«, das wir so wenig »von außen« betrachten können wie »die Welt«. Sich zu fragen, ob »diese Welt« oder »unser Leben« einen *Zweck* hat, ist deshalb von einem Standpunkt, von dem aus noch nach Wissen gestrebt wird, völlig sinnlos. Denn schon die Rede von »der Welt« und »unserem ganzen Leben« ist sinnlos, wenn man als sinnvolle Reden nur diejenigen ansieht, die durch Unterscheidungen in dem, was uns erscheint, gelenkt werden. Wenn wir diese Gesamtzusammenhänge namens »Leben« und »Welt« also nur imaginieren können, können wir dann irgendwo anders als in den Erscheinungen Normen finden, wie wir uns die Welt und unser Leben in unseren Spielereien oder kosmologischen und existenziellen Spekulationen vorstellen sollen, als zweckhaft oder zwecklos? Oder sollen wir dieses Spiel als ganz frei, unreguliert betrachten?

Mir sind bisher keine Quellen für Normen erschienen, die »uns« anleiten könnten in der Betätigung unserer Einbildungskraft, außer denen der Rede über schöne und hässliche Bilder oder gute und schlechte Geschichten oder gelungene oder misslungene Musik. Doch warum sollte ich diese Reden benutzen, um mir die Welt und mein Leben vorzustellen, oder gar: Warum sollte ich die Einbildungskraft anderer mithilfe dieser Reden anleiten? Wer hat mich hier zum Lehrer berufen? Habe ich den Geschmack der Weltwahrnehmung, der Lebenswahrnehmung anderer zu »erziehen«? Sind nicht die Reden, die zwischen unserer Geburt bis zu unserem Erwachsenendasein ungebeten auf uns einprasseln, schon Last genug und ein gewaltiges Instrument (wer benutzt das eigentlich und warum?) zur Homogenisierung unseres Denkens und Fantasierens?

Die Geschichten über den Anfang und das Ende der Welt, die man in der Bibel und anderen alten und neueren Texten findet, sind keine Versuche, ein Wissen weiterzugeben oder die Einbildungskraft der Leserinnen und Leser normativ zu homogenisieren, auch wenn sie manchmal so benutzt worden sind. Solche in meinen Augen fehlgeleiteten Verwendungen will ich hier nicht wiederholen. Daher bleibt mir nichts anderes übrig, als eine *private Fantasie* mitzuteilen, so wie ich vorher private Erfahrungen, das, was mir erschienen ist, und die Fragen, die sich mir stellten, mitgeteilt habe, ohne Ansprüche an Sie, liebe Leserin, lieber Leser, stellen zu wollen, etwa, dass auch Sie sich »die Welt« oder Ihr »eigenes Leben« so vorstellen *sollten*, wie ich das getan habe, oder sich dieselben Fragen stellen sollten. Stellen Sie sich vor, was Sie mögen, über den Zusammenhang der Erscheinungen, oder lassen Sie die Ausdrücke »die Welt« und »mein eigenes Leben« ganz fallen, was auch eine Möglichkeit ist, so wie man auch das Wort »Gott« ganz fallen lassen kann.

Ich selbst habe mir jedoch vorgenommen, das nicht zu tun, sondern bei »Welt« an etwas Bestimmtes zu denken, mir etwas vorzustellen. Was bedeutet es, sich so etwas vorzunehmen? Es ist einmal von religiösen Geschichten gesagt worden (von Ludwig Wittgenstein), dass sie einem die Möglichkeit gäben, sein Leben *unter ein Bild zu stellen.* Wer an das Jüngste Gericht glaube, vertraue nicht auf eine Vorhersage eines zukünftigen Tatsachenzusammenhanges, wie sie etwa in der Wetterprognose ausgesprochen wird, sondern er stelle sein Leben unter ein Bild: etwa das Bild einer kommenden Bilanz, bei der alles erinnert, nichts vergessen werde. Es ist jedoch nicht das Jüngste Gericht oder der fliegende Mensch, die ich selbst als Bild verwenden will, wenn ich mir denke, dass alle Erfahrungen einen weder geistigen (subjektiven) noch materiellen Gesamtzusammenhang ergeben könnten, den man mit dem Wort »Welt« benennen mag.

Ich kann mich nicht mehr erinnern, wie alt ich war, als ich zu Weihnachten ein Kaleidoskop geschenkt bekam. Es war aus orangefarbenem Plastik und zeigte, wenn ich es drehte, sternförmige Muster in roten, blauen und gelben Farben, die, wenn man es bewegte, zerfielen und sich neu anordneten. Es war für mich ununterscheidbar, ob ich einer Zerstörung oder der Entstehung eines Musters zuschaute, denn ich hatte keine Namen für das, was ich in dem Rohr sah. Ich konnte lange begeistert in das Kaleidoskop schauen. Sehr viel später, das

Spielzeug war mir schon vor Jahrzehnten abhandengekommen, sah ich Filme, in denen in die geometrischen Darstellungen von Mandelbrotmengen »hineingezoomt« wurde. Mir schien es, als sähe ich dort auch die Sterne aus meinem Kaleidoskop wieder. Doch diesmal zerfielen sie nicht einfach bei einer Drehbewegung und setzten sich als andere und neue wieder zusammen, sondern sie erschienen immer wieder an den Rändern der als »Apfelmännchen« bezeichneten Grundstruktur dieser Bilder, in die die Kamera hineinfuhr. Diese Kamerafahrt führte in die Arme der Sterne, und in ihnen erschienen neue Strukturen, auch wieder neue Apfelmännchen, in deren »Antennen« wiederum neue Sternenhaufen verborgen waren, und so weiter. Unendlich schien es »hinab«- oder »hinauf«zugehen in diesem Bild. In meiner Fantasie kreuzte ich das Hineinzoomen, den Sturz in das Mandelbrot'sche Apfelmännchen mit der Drehbewegung meines Kaleidoskops: Drehend zerfiel das Männchen, und gleichzeitig fuhr ich in seine sich zerstreuenden Bestandteile hinein, in denen immer neue Komplexitäten von großer Schönheit auftauchten: glänzende Sterncluster, scheinbar endlose bunte Spiralen, sich wiederholende Seepferdchenmuster, in denen wiederum das Apfelmännchen auftauchte, und so weiter. Noch später sah ich dann auf einer Konferenz über »Weltbilder« die hypothetische Darstellung eines physikalischen Kosmologen über die Verteilung der Materie im Universum. Nur wenn man sich auf wirklich großen Skalen bewege, so erklärte der Heidelberger Physiker, sei die Materie in der Welt gleichmäßig verteilt. Wenn man, so fuhr er fort, unter diesen großen Skalen in den Raum schaue, sehe man jedoch Regionen, in denen sich Galaxienhäufungen, Zusammenballungen der Materie zeigten, und zwischen diesen erschienen wiederum leere Räume, durch die sich Filamentstrukturen zögen, ebenfalls aus Galaxien bestehend, die die Haufen miteinander verbänden. Die wohl fiktiven Bilder, die er dazu zeigte, erinnerten mich nicht nur an manche Muster, die in den Darstellungen der Mandelbrotmengen erscheinen (denn auch da tun sich gähnende Leerräume auf, die dann plötzlich, nachdem man eine Weile in sie hineingefahren war, wieder von fadenartigen Strukturen durchzogen wurden), sondern auch an Ansichten der Verteilung von Neuronen in einem menschlichen Hirn, die ich einst während meines Studiums der Neurobiologie gesehen hatte, wo sich in manchen Regionen die Nervenzellen ebenfalls zusammenballen, Regionen, aus denen dann Axone wie Schnüre durch eine scheinbare Leere schießen.

Das Gehirn, der materielle Kosmos, die geometrische Veranschaulichung einer mathematischen Menge – geht es hier um Skalen? Woher kommen die Wiederholungen in diesen Bildern? Wie kann das Universum auf der Ebene von Millionen von Galaxien Muster, die auch in einem Hirn zu finden sind, wiederholen oder der geometrischen Veranschaulichung eines abstrakten mathematischen Gebildes wie einer Menge ähneln? Ich habe keine Ahnung. Es sind nur optische Analogien. Doch der Gedanke, dass sich alle Erscheinungen zu Mustern fügen, die wiederum aus Mustern zusammengesetzt sind, und so ins Unendliche fort, dass diese Muster entstehen und vergehen, also beweglich sind, sodass, wenn ich mir die Welt so vorstelle, sie in einer ständigen Umbildung begriffen ist, in der auf unterschiedlichsten Ebenen sich manches wiederholt, anderes als etwas ganz Neues erscheint, dass diese Transformationen immer so weitergehen, dass es kein letztes kleines und kein letztes großes Muster als das Ziel von allem gibt, ja dass in diesen »nach oben« und »nach unten« gehenden Unendlichkeiten die Rede von »groß« und »klein« ganz ihren Sinn zu verlieren scheint, »das Ganze«

keine Hierarchien enthält und tatsächlich auf nichts hinausläuft, es also gleichgültig ist, ob man sich auf der Ebene der Atome, der der Menschen oder der der Galaxien befindet (und wer weiß, ob es nicht »unendlich« »ins Große« und »ins Kleine« weitergeht) – dieses Gedankenspiel ergab *ein Bild*, unter das ich mich, warum auch immer, stellen konnte, als es in mir entstanden war, und in das ich mich auch gerne selbst (wer auch immer das ist) »hineinprojizieren« würde, so schien es mir jedenfalls. Auch der Gedanke, dass meine eigene Fantasie ein Muster in dieser so vorgestellten Welt wäre, ein Mandelbrot'sches Apfelmännchen in meinem Kopf in einem Mandelbrot'schen Apfelmännchen außerhalb meines Kopfes, erfreute mich auf eine merkwürdige Weise. Wäre es nicht wunderbar, so schien es mir in diesem Gedankenspiel, in einer solchen unendlichen Transformation aufzutauchen und wieder zu verschwinden? Ist es nicht das, was man sich unter »dem Heiligen« denken könnte? Vielleicht ertragen »wir« die Zweck- und Sinnlosigkeit dieses Heiligen, das sich ewig dreht und auf nichts hinausläuft, nicht wegen der Geschichten, die wir uns angewöhnt haben zu erzählen, und setzen uns deshalb immer wieder Ziele und bilden Hierarchien. »Wir« wollen nicht einfach Teil einer ewigen Transformation sein, sondern irgendwo »ankommen«. Als ich für Momente wahrnehmen konnte, dass ich eigentlich nicht irgendwo ankommen will, schien ich von etwas befreit.

Es scheint mich seitdem, jedenfalls solange ich mich an dieses Bild halten kann und nicht ganz wieder in den Verstrickungen der sozialen Umtriebe verschwinde, nicht mehr zu stören, dass ich nicht *wissen* kann, in was ich hineingeraten bin auf dieser Welt, in diesem Leben, und in was ich vergehe. Die schrecklichen nächtlichen Traumbilder des mich verfolgenden rot bemäntelten Zwerges und der Riesin am Fenster sind nur noch Erinnerungen neben anderen Erinnerungen, letztlich ohne Belang. Sie verblassen vor dem Hintergrund meines »selbst gemachten« Tagtraums oder dem mir »zugefallenen« Bild vom Kaleidoskop. Die Vorstellung, dass wir »in« einem beweglichen und bunten *deus sive natura* sind, in einem ewig schöpferischen unendlichen Spiel, in einer Bewegung, die jedoch auf nichts hinausläuft, dürfte mancher Leserin und manchem Leser naiv erscheinen. Ich jedoch kann mich wie ein Kind, das seine Albträume nicht mehr fürchten muss und dem vor dem Einschlafen gesagt wird, dass es immer so weitergehen wird, in diesem Bild immerhin *beruhigen*.

Wie es erschien

Für die meisten Menschen ist es selbstverständlich, nicht einfach nur in sprachlichen Gesten auf das, was ihnen widerfahren ist, zu zeigen, über es fragend und zweifelnd zu berichten, sondern sie wollen es auch deuten und vielleicht aufgrund dieser Deutung etwas behaupten, das über ihr eigenes Leben hinausgeht. Vielleicht sogar etwas »Endgültiges«. Häufig kommen die allgemeinen Behauptungen zuerst und dann erst als deren anekdotische Illustrationen die Berichte über das, was einem erschienen ist.

Der vorangegangene »Selbstbericht« läuft auf keine allgemeinen Behauptungen hinaus, höchstens auf Fragen, die viele vielleicht nachvollziehen können. Sein »Schlussbild« des Kaleidoskops ist keine allgemeine Deutung, die ich anderen »ansinnen« möchte. Es ist vielmehr ein Bild, das mir erschien und bei dem ich mich zeitweise beruhigen kann. Ob es anderen erscheint, andere beruhigt, kann ich nicht wissen. Aber ich halte es für möglich.

Auf diese Weise zu denken kann man »skeptisch« nennen. Auch eine skeptische Haltung ist keine Notwendigkeit. Sie kann sich einstellen in einem Leben, aber sie muss es nicht. Über sie lässt sich eher in einer Reflexion berichten als in einer Narration. Sehr, sehr vieles spricht für sie, so scheint es mir vor dem Hintergrund der Erfahrungen, die man beim Studium der philosophischen Auseinandersetzungen in der europäischen Philosophie macht. Lässt man sich auf die Skepsis ein, ändert sich vieles, sowohl das Selbst- wie das Weltverhältnis. Wie erscheint einem Skeptiker die Welt? Nicht als eine Ansammlung absoluter Gewissheiten, fester Verlässlichkeiten. Eher als permanenter Wandel, der zu Revisionen und Vorsicht zwingt. Die Welt der Zweifelnden ist eine andere, könnte man im Anschluss an Wittgenstein sagen, als die Welt derer, die meinen, Gewissheiten behaupten zu können.

Die pyrrhonische Maxime

Selbstberichte, mehr oder weniger realistische, gibt es in der europäischen Philosophie seit Langem. Augustinus' und Rousseaus *Bekenntnisse*, Salomon Maimons *Lebensgeschichte* oder Montaignes *Essais*. Auch al-Ghazali, Descartes und Spinoza haben Texte mit persönlichen Berichten eingeleitet.[2] Häufig zeigen Autorinnen oder Autoren auf ihre eigenen Erfahrungen, um eine Einsicht, die sie gewonnen haben, auf andere Art und Weise zu belegen als durch ein Argument.

Eine Form des persönlichen Berichts, wie ihn etwa Montaigne vorgelegt hat, entfaltet sich in oder aus einer skeptischen Haltung heraus. Es ist eine skeptische Maxime, nur über das zu berichten, was einem erscheint, und dabei möglichst nichts Allgemeines zu behaupten, das darüber hinausginge. Die sogenannte »Fainetai-Regel« besagt: Ein »Skeptiker will immer so verstanden werden, als seien alle seine Äußerungen mit ›mir scheint‹ formuliert«.[3] Bei Sextus Empiricus heißt es in seiner Darstellung der pyrrhonischen Skepsis: »Wenn also der Skeptiker sagt: ›Ich bestimme nichts‹, so meint er: ›Mir ergeht es jetzt so, daß ich nichts von dem, was unter diese Frage fällt, dogmatisch setze oder aufhebe.‹ Damit sagt er berichtend, was ihm über das Vorliegende erscheint, nicht sich dogmatisch mit Überzeugung äußernd, sondern nur erzählend, was er erlebt.«[4] Ähnlich hat sich Paul Feyerabend in seinen beiden Dialogen über Erkenntnis geäußert:

»… alles, was man tun kann, (ist, M.H.) *seine Eindrücke* darzustellen und das Beste zu hoffen.«[5]

Die Vermutung, dass die pyrrhonische Skepsis vom Buddhismus abstammt, ist zwar in ihrer historischen Validität umstritten. Doch die Parallelen zwischen den beiden »Positionen« sind frappant.[6] Abstinenz von allgemeinen metaphysischen Urteilen ist ein Charakteristikum des frühen Buddhismus, wie er über den sogenannten Pali-Kanon überliefert ist. Diese Abstinenz verbindet ihn mit der griechischen Skepsis. Auch der Verzicht auf das Verkünden einer »Lehre« und die Distanzierung von argumentativen Streitigkeiten, die als Formen geistiger Gewalttätigkeit und Quellen der Unruhe (und nicht als Manifestationen eines »kritischen Bewusstseins«) aufgefasst werden, sind charakteristisch für den frühen Buddhismus und die pyrrhonische Skepsis. Der Buddhologe Edward Conze schreibt: »Es wird von einem Buddhisten erwartet, anderen nicht dadurch Gewalt anzutun, daß er ihnen seine Ansichten aufzwingt. (Wie auch Pyrrhus ›beschloß, keinen geistigen Druck auf andere auszuüben‹ …) Das Prinzip, die Würde des anderen nicht anzutasten, wird damit zu einem entscheidenden Gesichtspunkt in der Verkündigung der Lehre. Fällt es auch schwer – man muß lernen, das Vorhandensein Andersdenkender zu ertragen, und sich davor hüten, sie, sei es auch nur durch Argumente, zu nötigen … Der buddhistische Weise unterscheidet sich eben darin gerade vom ›Philosophen‹ des modernen Verständnisses, daß er Probleme nicht durch Argumente zu klären versucht.«[7] Machtstreben, das Bedürfnis, andere zu dominieren und zu unterwerfen, bildet oft das Motiv, Argumente zu entwickeln. Dabei geht es nicht immer um die Suche nach Wahrheit. Dem ursprünglichen Buddhismus ging es dagegen wohl ebenso wie Pyrrhon um eine bestimmte Lebenspraxis. Sofern man von einer »Lehre« des frühen Buddhismus und des Pyrrhon sprechen will, geht es also nicht um eine metaphysische oder erkenntnistheoretische Lehre, sondern um zu einer Lebenspraxis einladende Reden. Diese Einladungen zu einer Lebenspraxis dürfen auch nicht mit moralphilosophischen Argumenten in einen Topf geworfen werden.

Denn vor allem bei Argumenten im moralphilosophischen (und auch die Alltagsmoral betreffenden) Bereich scheint mir klar, dass sie häufig eine Form der Machtausübung sein können. Andere durch Argumente davon zu überzeugen, dass sie einen moralischen Fehler begangen haben, dass sie sich zu einer Schuld bekennen müssen, kann der Versuch sein, eine Form der Unterwerfung beim Gegenüber zu erreichen. Und selbst ein moralisches Schuldbekenntnis kann noch, wie Karl Jaspers festgestellt hat, »aus dem gleichen Machtwillen genährt« sein, der auch diejenigen antreibt, die moralische Vorwürfe erheben. Wer unter dem Druck von Argumenten eine Schuld bekennt, mag versuchen, sich durch dieses Bekenntnis »einen Wert« zu geben, »sich vor anderen hervorzutun« und auf diese Weise in einer »moralischen Rangordnung« aufzusteigen, mehr Macht zu erlangen. Ein »Schuldbekenntnis«, schreibt Jaspers, kann »andere zum Bekennen zwingen. Es ist ein Zug von Aggressivität in solchem Bekennen. Der Moralismus als Erscheinung des Machtwillens … lässt psychologisch alles … ineinander umschlagen.«[8]

Sowohl die frühen Buddhisten wie die griechischen Skeptiker haben versucht, sich von solchen Machtkämpfen fernzuhalten. Sie erschienen ihnen lebenspraktisch als nachteilig. Für Pyrrhon und Sextus mag ihre Skepsis durch die Kenntnis einer Vielfalt von Überzeugungssystemen motiviert gewesen sein, die einer Griechin oder einem Griechen damals schon begegnen konnte, wenn sie, wie Pyrrhon, mit Alexander durch Persien und bis nach Indien gezogen waren, wo ihnen vielleicht frühe Buddhisten begegnet sind. Für den frühen Buddhismus mögen ein langes kriegerisches Geschehen auf dem indischen Subkontinent und Konflikte zwischen den Königtümern und einer aufstrebenden Kaufmannsschicht zu einer Relativierung der brahmanischen Kultur, einer Erschütterung traditioneller dogmatischer Glaubens- und Wissenssysteme geführt haben.[9] Auf diese Erschütterung könnte der Buddhismus nicht mit einem weiteren, vermeintlich »sicheren« und »universaleren« System reagiert haben, sondern mit einer *Abkehr* von allgemeinen »Lehren«, um sie durch eine friedliche Lebenspraxis zu ersetzen.

Neben dem Pluralismus der Überzeugungssysteme aus unterschiedlichen Kulturen steht uns heute die eigene Irrtumsgeschichte als ein Pluralismus von »Systemen« der Weltbeschreibung und -erklärung zur Verfügung. Auf die menschliche Irrtumsgeschichte zurückzublicken zwingt zur Bescheidenheit hinsichtlich der eigenen Erkenntnisansprüche, auch der kollektiven, und zu Demut und zur Skepsis gegenüber dem, was gerade als absolute Gewissheit und unerschütterliche Wahrheit angepriesen wird, was ich vielleicht sogar selbst gerne als absolut wahr glauben möchte, weil es mir gefallen würde, wenn es wahr wäre.

Weil Menschen endliche Wesen sind, ist auch ihre Erkenntnisfähigkeit endlich. Deshalb sind ihre Erkenntnisanstrengungen nicht nur vor so grundsätzlich schwierige Fragen gestellt wie die nach dem Verhältnis von geistigen und körperlichen Zuständen oder der »Natur« von Kausalität und Zeit. Auch vermeintlich »einfache« Abschätzungen der Dimensionen und strukturellen Komplexität der äußeren Welt stellen Menschen vor große Erkenntnisprobleme, legen nahe, dass eine skeptische Haltung, die gegenwärtigen absoluten

Gewissheiten misstraut, angemessen ist, dass es besser ist, davon zu sprechen, was »mir« oder »uns« gerade so oder so zu sein scheint.

Die äußere Welt

Eine der eindrücklichsten kollektiven Erfahrungen, die zur Skepsis veranlassen können, betrifft die erst seit Kurzem systematisch mit experimentellen Methoden betriebene Erforschung der äußeren Welt. »Wir«, das Kollektiv der Erkennenden, unterschätzen offenbar permanent die Dimensionen der Welt, in der wir selbst vorkommen. Die kosmologische Irrtumsgeschichte ist beeindruckend. In der berühmten *Ussher-Chronologie* von 1650 wird als Anfang der Welt das Jahr 4004 vor Christus angegeben. Newton schätzte das Mindestalter der Erde auf 50 000 Jahre, der britische Mathematiker Lord Kelvin im 19. Jahrhundert meinte, sie sei 100 Millionen Jahre alt. Heute glauben wir, dass die Erde 4,5 Milliarden und das Universum mehr als 13 Milliarden Jahre »alt« sind. Kopernikus schätzte die Größe der Sternensphäre, also des damals bekannten Kosmos, als 1000-mal größer als den Radius der Erdbahn um die Sonne. Das erschien seinen Zeitgenossen absurd riesig. Heute geht man von minimal 26 Milliarden Lichtjahren als Durchmesser für den sichtbaren Kosmos aus.[10]

Die Mathematiken und Unanschaulichkeiten der nachnewton'schen relativistischen Makrophysik und quantenmechanischen Mikrophysik machen es unmöglich, sich die Komplexitäten der unbelebten Materie in ihren Kraftfeldern mit Metaphern aus der Alltagserfahrung zu verdeutlichen, die in der Regel, wie man im Anschluss an Alfred Ayer sagen könnte, von sogenannten mittelgroßen trockenen festen Gegenständen handelt. Offenbar ist diese Alltagserfahrung gar nicht repräsentativ für die Struktur der Welt insgesamt, wenn der Raum im Großen nicht euklidisch ist, die Lichtgeschwindigkeit eine absolute Schranke für Beschleunigungen darstellt und im Subatomaren kein kausaler Determinismus zwischen Einzeldingen, sondern ein indeterministischer Holismus herrscht, in dem Zufallsereignisse an weit voneinander entfernten Orten auf gespenstische Weise miteinander verschränkt sind. Alles, was wir bisher durch systematische Forschung über die Welt erfahren haben, scheint uns zu lehren, dass wir sie uns ständig viel zu klein und viel zu einfach denken und immer neue Verfahren entwickeln müssen, um eine Ordnung in die Dimensionen und Komplikationen zu bringen, die sich uns in der durch Apparate gestützten Beobachtung und der experimentellen Forschung eröffnen. Ein einfacher Induktionsschluss aus der bisherigen Wissenschaftsgeschichte führt daher leicht zu der Überzeugung, dass das auch in Zukunft so sein wird, dass wir uns auch gegenwärtig die Welt vermutlich zu klein und zu einfach vorstellen. Bisher haben sich noch alle Kosmologien irgendwann als falsch und allzu simpel herausgestellt. Also ist es wahrscheinlich, dass dies auch unseren gegenwärtigen Gedanken über die Welt passieren wird. Wir haben freilich nichts Besseres als die jeweiligen wissenschaftlichen Verfahren, um Überzeugungen über die Welt und uns selbst zu erzeugen. Skeptische Bescheidenheit bedeutet nicht, die Wissenschaft als ein zweck- oder sinnloses Geschäft zu verdammen. Es bedeutet, sie nicht zu überschätzen, vor allem Überzeugungssysteme nicht zum Ausgangspunkt fanatischer Auseinandersetzungen zu machen.

Sofern Menschen darauf hoffen können, dass die Geschichte der Gemeinschaften derer, die sich der Erkenntnis widmen, noch lange andauern wird, werden sich dabei vielleicht viele Praktiken entwickeln lassen, die zu allgemeinen Behauptungen führen, die eine Weile Bestand haben. Die systematische kollektive Erforschung der äußeren Welt läuft ja noch nicht lange, gemessen an der Zeitspanne, in der es Menschen gibt; gerade einmal knapp 450 Jahre. Wie Menschen sich, falls sie als biologische Gattung *Homo* so lange überleben sollten, die Welt einst in ferner Zukunft denken werden, wenn sie diese vielleicht einmal 4500 Jahre lang systematisch erforscht haben werden, kann heute niemand wissen. Es erscheint deshalb absurd zu glauben, jetzt schon letzte allgemeine Gewissheiten über die Welt äußern zu können. Gegenwärtig scheint es jedoch so, dass die Existenz von *Homo sapiens* auch davon abhängt, ob es in der Zukunft eine ethische, politische und epistemische Menschheit geben kann. Menschen leben auf dem Globus in sehr unterschiedlichen Lebensformen, in denen sie unterschiedliche Erkenntnisstrategien und unterschiedliche Lebensziele verfolgen, unterschiedliche Bewertungen von Handlungen abgeben und aufgrund ihrer verschiedenen Ziele und Bewertungen die Welt unterschiedlich sehen. Das alles begrenzt ihre Solidarität. Es ist unklar, ob es je eine Menschheit im Sinne einer ethischen, epistemischen und politischen Gemeinschaft geben wird, solange diese Verschiedenheiten, die zwischen einzelnen Menschengruppen bestehen, nicht anerkannt und verstanden werden, sondern weiterhin lediglich den Anlass für gegenseitige Ausbeutung und Verfeindungen liefern. Vielleicht ist das Leben und Denken in Hierarchien dafür verantwortlich, dass Menschen gegenwärtig keine gemeinsamen Erkenntnisinteressen und aus ihnen entspringende Technologien entwickeln können, die es ihnen erlauben, etwa jene ökologischen Probleme gemeinsam zu bewältigen, die ein kleiner Teil von ihnen verursacht, die aber alle anderen genauso betreffen und die zusammen mit der Gefahr eines Krieges das zivilisierte Überleben der Gattung *Homo sapiens* bedrohen. Seit Menschen Geschichte »machen«, scheinen sie in Hierarchien zu denken. Diese Form des Denkens ist jedoch auch irgendwann einmal entstanden und gehört erst seitdem und wohl nicht schon immer zur Menschheitsgeschichte. Selbst ein historisches Produkt des menschlichen Denkens, ist sie offenbar nicht notwendig mit der menschlichen Weltwahrnehmung verbunden. Vieles spricht dafür (das wäre eine Art »geschichtsphilosophische Vermutung«), dass dieses Denken in Hierarchien schädlich ist, für die Menschen selbst und für viele andere Wesen; schädlich, weil es einmal das, was wir als die spezifische Geschichte der Menschen ansehen, den Prozess der Zivilisation, vorläufig beenden könnte, sofern Kriege dazu dienen, »Rangordnungen« zwischen Gruppen »klarzustellen«, gegen »Erniedrigungen« vorzugehen, anderen den eigenen Willen aufzuzwingen.

Entstehung des hierarchischen Denkens

Seit 300 000 Jahren soll es *Homo sapiens* auf der Erde geben. Erst vor ungefähr 10 000 Jahren haben Menschen den Ackerbau und die Viehzucht erfunden und wurden teilweise sesshaft. 290 000 Jahre lebten Menschen auf dieser Welt, ohne große Spuren zu hinterlassen. Lange wurde die »neolithische Revolution« der Erfindung des Ackerbaus als Anfang der Zivilisation positiv bewertet: Städte entstanden, die das bebaute Land beschützten. Für die Vorratswirtschaft musste ein Verwaltungs- und Rechnungswesen erfunden werden. Die systematisch betriebene Landwirtschaft brauchte eine genaue Naturbeobachtung. Eigentlich, so meinte man lange, ging es erst da »los« mit der Menschheit, der Zivilisation. Wissenschaften und Künste wurden erfunden, und die Menschen begannen erst dadurch vermeintlich die Welt zu verstehen. Menschen wurden zu wissenden Kulturwesen. Doch ist das tatsächlich die richtige Einschätzung?

Was hat vor 10 000 Jahren eigentlich angefangen? Inzwischen gibt es auch andere Stimmen, wie die des US-amerikanischen Politologen, Anthropologen und Anarchisten James C. Scott, der in seinem umstrittenen Buch *Against the Grain* (»Gegen das Getreide«, aber auch: »Gegen den Strich«) diese progressive Zivilisationsgeschichte ähnlich wie Horkheimer und Adorno in ihrer *Dialektik der Aufklärung* in Frage gestellt hat.[11] Das Buch, auf Deutsch unter dem Titel *Die Mühlen der Zivilisation* erschienen, hat Gegenstimmen auf den Plan gerufen. Es geht hier jedoch nicht darum, in einer universalhistorischen Debatte Position zu beziehen. Weil Scotts Buch eine interessante neue Perspektive auf die Zivilisationsgeschichte eröffnet und Skepsis gegenüber der gängigen Bewertung der Kulturgeschichte der Menschheit sät, sind seine Grundthesen in diesem skeptischen Kontext erwähnenswert.[12]

In den ersten von Menschen gegründeten Städten wurden nach Scott auch zum ersten Mal Menschen versklavt, entstand Arbeitsteilung, die Herrschaft von Menschen über Menschen. Menschen lernten, wie sie andere Lebewesen dauerhaft unterwerfen können. Die »sichere« Nahrungsproduktion änderte ihr Naturverhältnis: Boden und Tiere wurden zu Besitz und Ressource, die gegen weiterhin existierende Nomaden notfalls mit Waffengewalt zu verteidigen waren. Deshalb musste ein Militär geschaffen werden, das die Städte bewachte. Ein Bevölkerungswachstum setzte ein, das eine immer größere Fläche Land als von Menschen zu nutzendem

Raum verlangte. Aus den bewaffneten Städten entwickelten sich Reiche, die untereinander eine Rangordnung ausmachen wollten, einander bekriegten. Das Herrschaftsdenken und das mit ihm verbundene kriegerische Handeln breitete sich aus. Das, was »wir« »Geschichte« nennen und uns erzählen, begann: nicht die Naturgeschichte oder die Geschichte der menschlichen Gattung, sondern die *politische* Geschichte (vom griechischen Wort für Stadt: *polis*).

Diese Geschichte ist, so die skeptisch-pessimistische Erzählung von Scott, Adorno und Horkheimer, seit der Etablierung von Herrschaftsverhältnissen zu einem großen Teil eine Geschichte der sich imaginativ in Hierarchien aufblähenden Individuen und Kollektive, die sich vor allem innerhalb von Machtverhältnissen wahrnehmen, in denen sie »aufsteigen« wollen. Es ist eine Geschichte, so die Erzählung, des Kampfes um Ressourcen, die für den Aufstieg in Hierarchien nötig sind. Die Herrscher der Städte und Reiche wollten, um sich ihre Macht zu sichern, verherrlicht sein als Überwesen, die Kollektive brauchten Ackerland, Sklaven, Gold, später Öl, Gas, Seltene Erden, um sich zu erhalten. Immer wieder raubten sie diese Ressourcen anderen. Sie rechtfertigten ihren Raub, indem sie erklärten, »über« ihren Opfern zu stehen. Wer über Ressourcen verfügte, konnte sie wiederum als Machtmittel zur Beherrschung anderer einsetzen, egal ob es sich um Holz, Getreide oder Metalle handelte. Heute halten »uns« jene, die der US-amerikanische Historiker Timothy Snyder die »Carbon-Oligarchen« nennt, in West und Ost in Schach.[13] Stimmt diese Geschichte? Das ist ungewiss. Aber sie ist möglich.

Menschen erscheinen unabhängig von ihren politisch motivierten und praktisch folgenreichen Größenfantasien und Drohgebärden in Machtspielen nicht besonders groß im Sinne von »mächtig«. Jeder Säugling, der die Zuwendung Erwachsener braucht, jeder Atemzug und jeder Schluck aus einem Glas Wasser zeigen, dass Menschen *Abhängige* sind; abhängig von anderen Menschen, von grünen Pflanzen auf dem Land und Algen im Meer, die Sauerstoff produzieren, von Kreisläufen der Stoffe, Süßwasserspeichern in den Böden. Wer abhängig ist, kann nicht aus sich heraus existieren, ist nicht autonom, hat nur eingeschränkte Macht.

Dass Menschen offenbar 290 000 Jahre lang wie Wölfe, Karibus, Pferde, Krähen oder Büffel über die Erde zogen und dabei unauffällig blieben, könnte man vor dem Hintergrund dieser immerhin möglichen Deutung der Zivilisationsgeschichte mit einem: »Gut so!« kommentieren. Denn die Spur, die Menschen seit dem Beginn der Zivilisation, also seit 10 000 Jahren auf der Erde hinterlassen, ist für viele andere Wesen vor allem eine Spur der Verwüstung. Der »Engel der Geschichte« schaut bei Walter Benjamin nicht auf eine kulturelle Wunderkammer, sondern »auf eine einzige Katastrophe, die unablässig Trümmer auf Trümmer häuft und sie ihm vor die Füße schleudert«.[14] Mit Blick auf diesen Trümmerhaufen möchte man eher fragen, wann dieser zivilisatorische Prozess denn nun aufhört, der vor 10 000 Jahren begann.

Eine der Hauptpersonen in J.M. Coetzees Roman *Disgrace* (*Schande*) ist ein Lord Byron verehrender südafrikanischer Literaturprofessor, der eine Oper über Byron schreiben will, nachdem er wegen sexuellen Missbrauchs einer seiner Studentinnen von seiner Uni entlassen worden ist. Jetzt tötet er zusammen mit einer Tierärztin »überflüssige« Hunde und entsorgt deren Kadaver in einer Müllverbrennungsanlage. Seine Gemüse und Blumen anbauende Tochter, auf deren nichtakademische Existenz er herabblickt, sagt an einer Stelle der Erzählung zu ihm: Es gibt keine niederen und keine höheren Existenzen. Wir alle, Hunde wie Menschen, laufen über denselben Erdboden.[15] Mit dieser Bemerkung ist der Professor als ein existenzieller Hierarchist entlarvt. Die meisten von uns sind wohl von diesem Schlag.

Es ist das Denken in existenziellen Hierarchien, mit dem Menschen ihre Artgenossen und die Tiere seit der Entwicklung sesshaften Lebens überall in Nöte treiben. Demokratische Lebensformen dämpfen im nationalen Rahmen Hierarchien, die zwischen Menschen in arbeitsteiligen Gesellschaften, die eine Regierung brauchen, nun einmal entstehen, indem »wir alle« in der einen oder anderen Form (durch Repräsentanten oder direkt) an den zu treffenden Entscheidungen beteiligt werden. Doch international und in den menschlichen Naturverhältnissen setzt sich das Denken in existenziellen Hierarchien weiterhin fort. Vielleicht verschärft es sich sogar gerade wieder, verliert doch die demokratische Lebensform offensichtlich an Attraktivität. Wirtschaftliche Abhängigkeits- und militärische Bedrohungsverhältnisse, die Nahrungsketten, in denen Menschen in der Regel am Ende stehen und nur noch selten gefressen werden, lassen sie global politisch wie ökologisch weiterhin hierarchisch denken. Denkformen, die sich explizit gegen die Vorstellung der Existenz hierarchischer Ordnungen in der Natur und ihrer Notwendigkeit in der Menschenwelt wenden, wie sie von Baruch de Spinoza im 17. Jahrhundert oder vom frühen Buddhismus vor mehr als 2500 Jahren entwickelt worden sind, bleiben dagegen bis heute wenig einflussreich.

Es ist zu befürchten, dass die Preise für die Fortsetzung dieses Denkens in Hierarchien hoch sein werden: dass Kriege weiterhin die Trümmerhaufen der Geschichte vergrößern werden und dass die Kategorisierung von allem und jedem in »höher« und »niedriger« die Ausrottungsaktivität der Menschen lange weiter »rechtfertigen« wird, ob sie nun Kulturen oder Lebewesen betrifft, bis sie vielleicht einsehen, dass sie allein auf der Welt, als die Größten von allen, nicht werden überleben können. Es ist zu hoffen, dass ein aufgeklärtes Denken die Schäden, die solche Vorstellungsbilder anrichten, so gründlich identifiziert, dass sie wieder verschwinden, bevor die Menschen abermals so über die Erde laufen, wie sie es 290 000 Jahre vor der neolithischen Revolution auch schon getan haben. Nur wenn Menschen ihre Bewertungs- und Lebensformdifferenzen nicht mehr als Anlass für gewalttätige Auseinandersetzungen mit hochtechnisierten Waffensystemen nehmen müssten, wäre auch eine Kontinuität der Welterkenntnis in einem zivilisierten Leben über sehr lange Zeiträume möglich. Es sieht gegenwärtig jedoch nicht danach aus, als könnte in absehbarer Zeit eine solche Einheit unter den Menschen in politischer und epistemischer Hinsicht entstehen.

Die Welt der Einzelnen

Anders als sich an kollektiven Erkenntnisprojekten zu beteiligen, ist es, davon zu erzählen, was einem als Einzelnem erscheint. Wir sagen, dass auch Einzelne »eine Welt« haben. Und auch hier ist das, was einer Person in »ihrer Welt« zugänglich wird, wenig durchsichtig, kaum verständlich, auch hier gibt es keine absoluten Gewissheiten und letzten Wahrheiten. Denn das meiste, was in unserem Körper, Gefühlsleben und Denken abläuft, ist uns nur verschwommen bewusst. Zwar wurden schon seit langer Zeit systematisch Techniken entwickelt, die darauf abzielen, sich Klarheit über die eigenen »inneren« Zustände zu verschaffen. Praktiken der Versenkung, Traumbeobachtungen und Psychoanalysen aller Art sind teilweise sehr viel älter als die Methoden der experimentellen Erforschung der »äußeren« Welt. Doch wird man kaum behaupten, dass über »unsere innere Welt« eine größere Klarheit besteht als über die äußere. Man kann durch Introspektion nicht wissen, wie das Mittagessen verdaut wird, ich bemerke nicht alle Gefühle, die in einem anregenden Gespräch durch mich hindurchlaufen, und auch der genauesten Selbstbeobachterin dürften die meisten ihrer Gedanken entgehen. Man kann jedoch immerhin über das wenige berichten, das einem bewusst wird, und versuchen, dadurch zu verstehen, in was für einer Welt man als Einzelperson eigentlich lebt.

Über das, was einer Person als Fragen und Gedanken erscheint, kann in faktischen und in fiktiven Narrationen berichtet werden.[16] Es ist nicht unbedingt nötig, eine (mehr oder weniger) wahrhaftige Darstellung der Erscheinungen im Sinne des Faktischen in der ersten Person Singular zu geben. Der Unterschied zwischen Fiktion und streng nach faktischer Wahrhaftigkeit strebender Erzählung kann in einer skeptischen Haltung nicht ganz scharf gezogen werden. Denn einerseits scheint sich mir die Authentizität und allgemeine »Anschlussfähigkeit« einer Fiktion daraus zu ergeben, dass sie an tatsächliche Erfahrungen anknüpft, bei der Autorin und auch beim Leser, wie tief diese Erfahrungen auch immer in einer erfundenen Geschichte versteckt und wie stark sie verfremdet worden sein mögen. Eine ganz wahrhaftige Erzählung würde andererseits ohne Selektion und eine Stilisierung für Leserinnen schwer erträglich sein. Immer ist eine ästhetische Bearbeitung nötig, um einen Bericht über das, was in einem vorgeht, zu etwas anderem zu machen als der pornografischen Dokumentation eines meist langweiligen Gedankenstroms. Eine solche Bearbeitung muss »verfälschen«, »idealisieren«, ein wenig von den »inneren Tatsachen« (wenn es so etwas gibt) abweichen. Insofern sind auch Erzählungen über die Welt eines einzelnen Menschen bis zu einem gewissen Grad Konstruktionen.

Ein Bericht über das, was erscheint, kann also nicht die »wahre Geschichte des Bewusstseins«, des »Ichs« oder des »Selbst« im Sinne von etwas Tatsächlichem wiedergeben. Denn das, was in einer Person vorgeht, ist ja nur zum Teil sprachlich strukturiert, Gefühle und Bilder sind es nicht. Sie sprachlich wiederzugeben wäre nur dann mit einem Wahrheitsanspruch möglich, wenn man über verlässliche Wahrheitspraktiken verfügte, seine Gefühle und Eindrücke zu versprachlichen.[17] Das scheint mir jedoch nicht der Fall zu sein. Das, was erscheint, kann in einem Bericht weder »wahrheitsgetreu« noch ohne das Risiko des Missverständnisses, also auch nicht in völliger Klarheit und Deutlichkeit (wie es nach dem cartesischen Ideal der Erkenntnis einmal hieß) »weitergegeben« werden. Vielmehr kann auf das, was erscheint, offenbar nur selektiv *gezeigt* werden, durch Gesten, die für die Leserin mehr oder weniger gut nachvollziehbar sind. Schon die Selektion, die stattfindet, wenn man zu formulieren versucht, was erschienen ist, fiktionalisiert das Erlebte in gewisser Hinsicht durch die dabei unvermeidlichen Vereinfachungen. Und das, was bei der Leserin »ankommt«, ist dann noch einmal etwas anderes. Das wussten Theoretikerinnen der schönen Literatur immer schon besser als diejenigen Philosophen, die an die Möglichkeit der völligen Transparenz und Genauigkeit ihrer Texte glaubten. Trotzdem kann dieses Zeigen mit dem Anspruch erfolgen, sich wahrhaftig zu äußern.[18]

Es liegt nahe, in einer skeptischen Haltung die Behauptungen, denen man zuneigt, als Fragen wiederzugeben oder mit der Klausel »Es scheint mir« einzuleiten. Ferner ist das, was uns durch die Köpfe geht, bei den meisten von uns nicht allein durch Erfahrungen und Gespräche bedingt, sondern auch durch Lektüren. Deshalb geben Skeptiker wie beispielsweise Montaigne gerne Berichte über ihre Leseerfahrungen, die freilich nicht als Beiträge zur Forschung über die betreffenden Texte gemeint sind, sondern als Versuche, Quellen für bestimmte Gedankenzusammenhänge offenzulegen. Wie sich Gelesenes und Erfahrenes im Erleben und Deuten vermischen und gegenseitig beeinflussen, scheint allerdings ebenfalls unklar bleiben zu müssen. *Dass* sie das tun, steht wohl außer Frage. Wir können nach der Lektüre eines Textes die Welt anders erfahren, und umgekehrt kann eine neue Lebenserfahrung uns einen Text neu erschließen, mit dem wir vor dieser Erfahrung nichts anzufangen wussten. Wer beispielsweise erlebt, wie ein ihm nahestehender Mensch plötzlich stirbt oder aus Frieden in wenigen Tag Krieg wird, mag den Satz von Heraklit »Alles … steuert der Blitz«[19] anders verstehen als jemand, der solche Erfahrungen nicht machen musste. Nach der Lektüre von Spinozas Analysen über Liebe und Hass[20] kann das eigene Gefühlsleben einem selbst anders erscheinen, weil neue Mittel es zu beschreiben zur Verfügung stehen. Doch die verschlungenen Wege, auf denen Lektüren Erfahrungen und Erfahrungen Lektüren beeinflussen, sind kaum zu kartieren und im Detail auch gar nicht von philosophischem Interesse. Es handelt sich bei ihnen lediglich um private Bildungsgeschichten.

Was im eigenen Kopf aufgrund einer Anregung zu Neuem oder aufgrund eines Abgrenzungsbedürfnisses von Bekanntem stattfindet, was Wiederholung von Altem und was Fortsetzung von schon früher Begonnenem ist, ist schwer zu sagen. In der Philosophie ist es nur selten der Fall, dass wirklich Neues gesagt wird. Deshalb sollte die Leserin nicht enttäuscht sein, wenn sie auf diesen Seiten nichts vorfindet, was sie nicht schon kannte. Im Gegenteil. Ziel von literarischen und philosophischen Texten muss es ja nicht sein, vergangene Texte zu »überbieten«, durch eine neue Einsicht oder eine bisher unerreichte Klarheit der Darstellung. Es kann auch darum gehen, zu versuchen, in einer Gegenwart entstandenen Gedanken oder einer gegenwärtigen Erfahrung in der Welt eines Einzelnen einen angemessenen Ausdruck zu verleihen. Gegenwärtige Gedanken und Erfahrungen sind zwar durch in der Vergangenheit Gedachtes und Erfahrenes beeinflusst, doch auch von ihnen verschieden. Diese Unterscheidungen auf einer wie auch immer geeichten Skala des *Fortschritts* anzuordnen oder gar militant als Beiträge für das Fortrücken einer »Forschungsfront« zu begreifen erscheint mir unangemessen. Zu hoffen, dass man Worte findet, die das, was einem selbst erschienen ist, anderen zugänglich macht, sodass sie ihre eigenen Erfahrungen in diesen Worten »spiegeln« können, erscheint mir dagegen keine Illusion.

Rede und Aufmerksamkeit

Zwei Begriffe scheinen mir besonders hilfreich für die Vermittlung des eigenen Selbst- und Weltverständnisses: der der *Rede* und der der *Aufmerksamkeit*. Vom Standpunkt der Skepsis aus können keine »Theorien« der Rede oder der Aufmerksamkeit vorgetragen werden. So etwas ist Sache empirischer Linguistik und der Psychologie. Ambitionen, das Vokabular, das in der Philosophie zur Beschreibung und vielleicht sogar Erklärung von Phänomenen der Subjektivität entwickelt worden ist, zu kritisieren oder fortzuschreiben, entwickeln sich ebenfalls nicht aus einer skeptischen Einstellung heraus. Bevor sich philosophische Schulen wie die Transzendentalphilosophie oder die Phänomenologie und wissenschaftliche Projekte wie die empirische Psychologie der Begriffe »Wahrnehmung«, »Aufmerksamkeit«, »Gedanke«, »Rede« und so weiter »bemächtigt« hatten, waren diese Wörter Teil der Umgangssprache und sind es bis heute geblieben. So sagen wir etwa, dass ich einen Termin wahrnehme oder aufmerksam auf den Vogel bin, der bei mir vor dem Fenster vorbeifliegt. Ein Onkel mag wirre Reden auf einer Familienfeier führen, und ich mag darunter leiden, an ein bestimmtes Ereignis oder eine bestimmte Person denken zu müssen. Anders als bei umgangssprachlichen Wörtern wie »Karotte«, »Tisch«, »Löffel«, »Mensch«, »Hund« und so weiter kann ich jedoch nicht auf eine Wahrnehmung, die Aufmerksamkeit, einen Gedanken oder die Rede mit dem Finger zeigen. Ich brauche andere sprachliche Gesten, um mich über diese Dinge zu verständigen. Der »empirische Status« dieser Begriffe bleibt deshalb unklar. Auch die Philosophie hat mit diesen Termini wie mit vielen anderen umgangssprachlichen Ausdrücken operiert, lange bevor sie eine »Theorie der Subjektivität«, eine »Wissenschaft des menschlichen Geistes« zu etablieren versuchte. Allgemeine Theorien dieser Art zu empirisch schwer kontrollierbaren Begriffen wie »das Glück«, »die Natur« und »das Leben« sind in meinen Augen nicht besonders fruchtbar. Sie gehen über die Differenzen in der Selbst- und Welterfahrung, die mir für menschliches Leben charakteristisch zu sein scheinen, zu oberflächlich hinweg, wenn man sie mit Erzählungen vergleicht, die auf die Glücks-, Natur- und Lebenserfahrungen bestimmter Personen fokussiert sind.

»Rede« kann als Übersetzung des griechisch zunächst unterminologischen Wortes »logos« aufgefasst werden, das später, etwa bei Heraklit, Platon, Aristoteles und in der stoischen Philosophie, eine wichtige, auch terminologische Rolle spielte. Doch haben alle diese Philosophen keine Subjektivitätstheorie im modernen Sinne hervorgebracht. In unserem Zusammenhang sind auch nicht die mit diesem Begriff verbundenen heraklitischen, platonischen, aristotelischen oder stoischen Philosopheme im Detail von Bedeutung. Nur die aristotelische Verknüpfung von Rede mit Bewertung spielt hier, wie unten noch deutlich werden wird, eine wichtige Rolle (vgl. Das folgenreiche Lob der Zwecke: Aristoteles, S. 154 ff.) Das Wort »Rede« bietet sich an, um auf einen Zusammenhang von Befehlen, Bezeichnen, Bewerten und Handeln Bezug zu nehmen, dem jeder Mensch alltäglich ausgesetzt ist, und den in der neueren westlichen Philosophie Wittgenstein als »Sprachspiel« ins Auge gefasst hat.

»Sprachspiel« ist bei Wittgenstein fast ein terminologischer Ausdruck, ähnlich wie »Familienähnlichkeit«, auch wenn er sich sehr darum bemüht, sein Denken von Terminologien weitgehend frei zu halten. Das, was Wittgenstein mit »Sprachspiel« vielleicht zum Ausdruck bringen wollte, scheint mir Teil einer skeptischen Sicht auf »uns selbst« und die Welt zu sein, die sehr verwandt mit dem ist, auf das diese Texte zu zeigen versuchen.

»Rede« im alltagssprachlichen und vorterminologischen philosophischen Sinne ist nicht etwas im Inneren von Menschen wie »eingeborene Ideen« oder etwas Abstraktes wie »Propositionen«, die die neuere Philosophie als Wahrmacher von Aussagesätzen postuliert. Zu sagen, dass die Rede unser Leben und Erleben strukturiert, scheint mir noch eine sehr unscheinbare Aussage, vergleichbar der, dass Wasser Durst löscht oder Brot Hunger stillt. Sie ist nicht, auch wenn sie für manche geschulte Ohren so klingen mag, eine Behauptung, die im Rahmen eines sogenannten »Konstruktivismus« die Abhängigkeit des uns vermeintlich »einfach so Gegebenen« von uns meist verborgenen subjektiven oder sprachlichen Strukturen behaupten soll. Das Wort »Rede« soll lediglich für etwas stehen, was erscheint, bei dem jedoch neben den sprachlichen Beschallungen und Abrichtungen, die wir alle durch Eltern und Lehrer erfahren, an allerlei anderes zu denken ist, vor allem aufgrund von Lektüren. Die Rede ist ganz wesentlich mitverantwortlich für die Welt, die uns als Einzelnen gegeben ist und in der wir selbst als strebende und bewertende Einzelwesen erscheinen. Aber es ist nicht die Rede allein, die unsere Welt bestimmt, denn wir haben auch Empfindungen, über die wir nicht in der Lage sind zu sprechen, auf die wir nur in der Rede mehr oder weniger unbeholfen zeigen können, manchmal nicht einmal das.

So, wie es eine Physiologie des Wasser- und des Kohlehydratstoffwechsels geben kann, die die Aussagen, dass Wasser Durst löscht und Brot Hunger stillt, weiterführt und *erklärt*, warum sie das tun, ebenso kann es eine sprachphilosophische, linguistische oder neurowissenschaftliche Theorie der Rede geben. Diese Theorien können erklären, warum die Rede unser Leben und Erleben strukturiert. Nichts spricht gegen solche Erklärungen. Aber hier geht es mir nicht um solche Erklärungen, sondern lediglich darum, ein wenig von dem zu zeigen, was in einem Leben passiert, wenn es durch die Rede strukturiert, fast möchte ich sagen, »in die Enge getrieben« wird.

Analoges ist zur Aufmerksamkeit zu sagen. Wir wachen auf und schlafen ein, wir bemühen uns, aufmerksam zu sein, in der Schule, im Konzert, beim Autofahren, in unserem Beruf. Manchmal fordern wir andere dazu auf, aufzupassen, etwa ein Kind, das über die Straße gehen will. Aber es gibt auch psychologische, neurowissenschaftliche und philosophische Theorien der Aufmerksamkeit. Auch zu diesen wird hier kein Beitrag geleistet. Allerdings gibt es Kontexte, die an das Religiöse grenzen, etwa bei Simone Weil, in denen der Aufmerksamkeitsbegriff eine besondere Rolle spielt, einerseits umgangssprachlich zu bleiben scheint, andererseits offenbar spekulativ theologisch erweitert wird. Solche Erweiterungen kommen in nicht erklärenden Texten häufig vor. Es entstehen in ihnen bevorzugte Zeigeinstrumente. Neben dem Wort »Rede« ist auch das Wort »Aufmerksamkeit« eines meiner bevorzugten Zeigeinstrumente.

Die Tatsache, dass man von dem, was man tut und was einem durch den Kopf geht, »zurücktreten«, dass man es »betrachten« kann, spielt sowohl im Alltagsleben wie auch in nicht ganz so alltäglichen Praktiken der Meditation eine wichtige Rolle. So sagen wir etwa: »Schau, was du gemacht hast«, oder fragen: »Ist dir überhaupt klar, was du da gerade gesagt hast?«, und wir können eine Person auf diese Weise auffordern, die Aufmerksamkeit auf etwas zu lenken, indem sie, metaphorisch gesprochen, »einen Schritt zurücktritt«. Es gibt aber auch die nicht so verbreiteten meditativen Praktiken, bei denen eine Person stillsitzt und darauf achtet, was ihr »durch den Kopf« geht oder wie sich »ihr Körper gerade anfühlt«. Sofern wir als einzelne geistige Personen das sind, was uns durch den Kopf geht und was wir tun und empfinden, sind solche »Lenkungen« der Aufmerksamkeit auch eine Art Distanzierung von uns selbst und unserer Situation. In einigen religiösen Kontexten (etwa in der christlichen Mystik von Meister Eckhart oder im Buddhismus) werden solche Selbstdistanzierungen empfohlen. Diese religiösen Kontexte spielen für die Art und Weise, wie ich auf das, was mir erscheint, Bezug nehme, eine Rolle. Doch sind diese Praktiken andere als im Labor der Psychologie oder der Neurowissenschaften gepflegte, die verfolgt werden, um Erklärungen für die unterschiedlichen Phänomene der Aufmerksamkeit zu finden. Sie dienen der Geistesübung und Aufmerksamkeitskultivierung einzelner Menschen, nicht dem Erklären von etwas. In diesem Sinne sind solche Aufmerksamkeitspraktiken keine wissenschaftlichen Methoden, sondern Techniken der Kultivierung des Lebens.

Situationen

Jedes Leben spielt sich in einer Abfolge von Situationen ab: Wir befinden uns an unserem Arbeitsplatz, zu Hause oder im Urlaub. Wir sind Kinder, Jugendliche, Erwachsene oder Greise. Wir sind verliebt, gleichgültig oder trauern. In verschiedenen Situationen werden von anderen Menschen unterschiedliche Ansprüche an uns gestellt; sie mögen um Unterstützung bitten oder Gerechtigkeit von uns einfordern. Unser Körper fühlt sich in verschiedenen Situationen jeweils anders an, schwach oder kräftig, gesund oder krank. Und auch die Dinge mögen uns Möglichkeiten eröffnen, die wir ergreifen können oder auch nicht, etwa eine mögliche Waffe, oder Probleme bereiten, weil sie nicht funktionieren, beispielsweise bei einer Autopanne. All das und unzählige andere Umstände machen die Konkretheit und Komplexität von Lebenssituationen aus. Wir haben unterschiedliche Kapazitäten, diese Komplexitäten zu erfassen. Solange wir die Unterscheidungen von »richtig« und »falsch« oder »gut« und »schlecht« in unserem Leben noch eine Rolle spielen lassen, von ihnen noch nicht zurückgetreten sind, suchen wir nach den Fähigkeiten und Gelegenheiten, diese Wörter anzuwenden, ihnen einen Sinn zu geben.

Selten und wenigen Menschen ist es möglich, diese Unterscheidungen aufzugeben. Denn dann drohen harsche Sanktionen der Gemeinschaft. Man wird als »gleichgültig« oder gar als »Nihilist« beschimpft, als jemand, der sich nicht »engagieren« will, kritisiert. Bewerten muss sein, um die Welt zu verbessern, wird behauptet. Wer nicht bewerten will, den lassen die unakzeptablen Zustände der Welt kalt. Doch stimmt das?

Eine Fähigkeit, das in einer Situation »Richtige«, das ihr »Angemessene« erkennen und tun zu können, kann als von den Fähigkeiten unserer Aufmerksamkeit abhängig angesehen werden. Wir können die Situation in unterschiedlicher »Tiefenschärfe« und unsere Intuitionen darüber, was zu tun sei, in unterschiedlicher Klarheit wahrnehmen. Wenn ganz klar ist, wie eine Situation beschaffen ist, mag sich aus der Aufmerksamkeit auf die Situation von selbst eine Handlung ergeben, ohne dass bewertet wird. Mein Kind fällt. Ich helfe ihm »ohne nachzudenken« auf. Eine Bewertung oder gar ein Abwägen sind nicht nötig.

Moralphilosophien haben versucht, unabhängig von der Wahrnehmung konkreter Situationen darüber zu sprechen, wie zu handeln sei, indem sie *Prinzipien* benannt haben; etwa, dass immer das Glück zu vermehren und Leid zu vermindern sei (im Utilitarismus) oder Menschen immer als Zwecke, jedoch nie als Mittel unseres Handelns zu behandeln seien (in der Ethik Kants). Solche Prinzipien müssen in der Philosophie begründet werden, weil dies zu ihrem Anspruch gehört, ein Prinzip als »vernünftig« auszuweisen. Philosophische Ethiken sind eben keine bloßen Ausformulierungen von Konventionen, keine Appelle, sich nach dem Althergebrachten zu richten. Die »Systeme«, die sich in diesen Begründungsverfahren entwickelt haben, sollen meines Erachtens Schwächen unserer Aufmerksamkeit und unserer Intuitionen, die uns im Handeln anleiten können, um zu dem »Richtigen« und »Angemessenen« in einer Situation »ohne nachzudenken« zu kommen, so gut es geht ersetzen. Es ist jedoch fraglich, ob das überhaupt möglich ist. Es ist behauptet worden, dass die »Gegenwart« einer jeden Situation »vor voreiligen Lösungen zu bewahren« sei.[21] Voreilig sind alle »Lösungen« unserer in konkreten Situationen auftauchenden sogenannten Probleme, die nicht berücksichtigen, dass diese Situationen zufällig, historisch bedingt sind und unser Blick auf sie und in ihr ebenfalls. Der Rekurs auf Prinzipien und ihre Begründung kann als der Versuch gedeutet werden, dieser Zufälligkeit und Geschichtlichkeit zu entkommen oder sie aufgrund eines vielleicht sogar »apriorischen Arguments«, das vermeintlich auf alle Situationen anwendbar ist, vernachlässigen zu dürfen.[22]

Doch um auch nur beschreiben zu können, in welchen Situationen wir uns befinden, benötigen wir Begriffe, die »in unseren lokalen Praktiken, unserer Kultur und unserer Geschichte verwurzelt sind«[23] und die nicht vollständig durch allgemeine Begriffe, von denen behauptet werden kann, sie seien »universal gültig«, ersetzt werden können. Solche allgemeinen Begriffe lenken die Aufmerksamkeit, scheint es mir, eher ab von dem, was in einer Gegenwart zugänglich ist, als dass sie die aufmerksame Analyse einer Situation unterstützen. Deshalb kann das Hantieren mit allgemeinen Begriffen, ein begründendes Nachdenken über die Situation, in der Menschen sind, in eine Rechthaberei führen, die die Aufmerksamkeit blind macht. Ein leider im Bereich des Politischen nicht selten auftretendes Phänomen.

Alle Situationen, in denen wir leben und handeln, sind wiederum in größere Zusammenhänge einbettet, gehen aus Vorgeschichten hervor und haben Nachgeschichten, die wir nur unvollständig kennen können, oder: Die Situationen, in denen wir uns befinden, sind »fließende«.[24] Wir können deshalb nie ganz verstehen, warum wir in den Situationen sind, in denen wir uns befinden, und zu was unser Handeln in der Zukunft »letztlich« noch führen, was für eine Art von Beitrag für zukünftige Situationen es sein wird. Da, wo es nicht »um die Durchführung eines Prinzips, das zuletzt doch an der Wirklichkeit zerbricht«, geht, »sondern um das Erfassen des in einer Situation Notwendigen«, agieren wir in einer Art »Zwielicht«, je nachdem, wie sehr es uns gelingt, Bedingungen und Folgen dessen, was wir in einer bestimmten Situation tun, erfassen zu können.[25] Auch die Situativität unseres Handelns legt uns daher eine skeptische Haltung nahe. Aus ihr heraus können wir entweder zu der schwerwiegenden Entscheidung oder Einsicht kommen, dass es besser ist, die Rede von »richtig« und »falsch«, »gut« und »schlecht« fallen zu lassen, sie aufzugeben. Oder wir können versuchen, unser Verständnis und die Anwendung dieser Rede anders zu steuern als durch Prinzipien.

Auch uns selbst und unsere Mitmenschen verstehen wir selten als in bestimmten Situationen stehend. Wir statten sie und uns meist eher mit einem geistigen oder körperlichen »Wesen« aus, das dazu veranlasst, so oder anders zu handeln. In der Regel bewerten wir dieses Wesen auch noch, indem wir es in einer Hierarchie unterbringen: »Ich bin so und so gut«, »sie ist besser als ich«, »er ist schlechter als ich«. Mit Blick auf Prinzipien und solche Hierarchisierungen sagen wir uns dann: »Ich habe richtig gehandelt«, »sie hat falsch gehandelt« und so weiter. Die Tatsache, dass die Situationen, in denen wir uns befinden, nicht scharf abgegrenzt sind, dass sie in die Vergangenheit und Zukunft hinein »verschwimmen« und dass auch wir als Einzelpersonen nicht scharf abgegrenzt sind, dass wir mit den Situationen, in denen wir uns befinden, und den anderen Menschen in diesen Situationen mehr oder weniger verbunden sind, blenden wir eher aus, obwohl wir erfahren haben, dass kleine Veränderungen oder die Gegenwart anderer Menschen in vergleichbaren Situationen uns zu jeweils einer ganz anderen Sicht und einem anderen Handeln veranlassen können. Mit starren Annahmen über die Abgegrenztheit unseres eigenen Wesens und über allgemeine Prinzipien, die gelten, was immer auch eintreten mag, versuchen wir die mögliche Überforderung abzuwehren, so scheint es mir, die die Komplexitäten der Gegenwarten, die wechselnden Umstände, in denen wir leben und handeln, uns zumuten. Wir möchten unsere Aufmerksamkeit entlasten. Doch immer wieder erfahren wir dabei, dass die Prinzipien nicht immer gleich angewendet werden können, dass wir jeweils anders fühlen, denken und handeln, je nachdem, in welcher Situation wir uns befinden, dass unsere Beurteilungen uns voreilig und grob erscheinen angesichts konkreter Gegenwarten.

Wir haben vor dem Hintergrund solcher Erfahrungen daher gute Gründe, die Richtigkeit oder Angemessenheit unseres Handelns und moralischen Bewertens mit Skepsis zu betrachten. Neben die Skepsis gegenüber allgemeinen Theorien, die als gewiss angesehen werden, tritt also die gegenüber praktischen Prinzipien, die als universal gültig betrachtet werden, deren Anwendung als unproblematisch eingeschätzt wird. Das Gefühl, dass wir »das Richtige« tun sollen oder »das Falsche« unterlassen müssen, gehört zu dem, was uns im Leben aufgrund der bewertenden Rede erscheint. Denn wir sind durch die Rede darauf eingestellt, abgerichtet, alles zu bewerten, auch unser Handeln und das Handeln anderer Menschen, vielleicht sogar die anderen Menschen und uns selbst. Angesichts der Komplexitäten, in die wir selbst und unser eigenes Handeln und das aller anderen eingebettet sind, erscheint es jedoch eher angemessen, allzu »tiefe Überzeugungen« und »absolute Urteile« über den vermeintlichen Wert oder Unwert unseres Tuns oder das der anderen zu vermeiden. Wir mögen mit unserem Handeln den Zweck verfolgen, »das Gute und Richtige« zu treffen. Solange wir uns von der Abrichtung auf dieses Streben nicht distanzieren können, können wir dieser Zielvorstellung nicht entkommen. Aber eine absolute Sicherheit, dass uns das auch gelingen wird, scheint mir nie gegeben oder nur dann, wenn wir uns »etwas vormachen«, die Komplexitäten, in denen wir existieren, »erfolgreich« ausblenden.

Auch dies ist nur ein Bericht über das, was in einer skeptischen Perspektive erscheint, und keine philosophische Neuigkeit oder gar endgültige Einsicht, die zur Basis eines entsprechenden »ethischen Systems des Situationismus«, oder wie immer man es nennen mag, gemacht werden sollte. Sich selbst zu sagen: »Sei aufmerksam auf die Situation, in der du und die anderen sind!« und: »Vermeide die Prinzipienreiterei, sei nicht unmenschlich wie eine Maschine, die von ihren Regeln nicht abweichen kann«, bedeutet lediglich, sich Faustregeln ins Gedächtnis zu rufen, um den Tendenzen eines mechanischen Denkens, das das Unerbittliche fetischisiert, entgegenzuwirken.[26] Zu meinen, jetzt müsse eine situative Ethik her und aus ersten Prinzipien begründet werden, was es eigentlich heißt, »menschlich« beziehungsweise »unmenschlich« zu sein, zeigt an, dass man Zweifel, die Vorläufigkeiten und Vagheiten nicht erträgt. Doch man entkommt ihnen nur in den gedanklichen Illusionen, nicht in den konkreten Situationen des Lebens.

Fortschritte

Vieles, was in der Philosophie für neu gehalten wird, erscheint nur so aufgrund einer mangelnden Kenntnis vergangenen Denkens. Dies gilt erst recht, wenn man sich bemüht, auch das Denken auf *anderen* Kontinenten wahrzunehmen. Die europäische Philosophie ist eine provinzielle.[27] Auch als philologischer Laie, der sich mit Übersetzungen beispielsweise indischer, chinesischer oder japanischer Philosophie begnügen muss, erkennt man sehr schnell, dass die meisten der eigenen Gedanken sich nicht zuerst und allein in europäischen Texten finden, sondern dass etwa viele Zweifel über die substanzielle Natur des Selbst oder Ich und die »Natur« der Aufmerksamkeit nicht nur bei Autoren wie Baruch de Spinoza, David Hume und Derek Parfit oder Edmund Husserl und Simone Weil, sondern beispielsweise auch bei Dogen, Nagarjuna und Zhuangzi zu finden sind, dass nicht nur Schopenhauer, sondern auch andere europäische Autoren wie Martin Buber, Hermann Hesse, Bertolt Brecht oder Martin Heidegger von vedischem, buddhistischem oder daoistischem Denken beeinflusst worden sind. »Funde«, die zeigen, dass das eigene Denken nicht originell ist, entwerten es nicht. Im Gegenteil verweisen sie auf die globale »Vernetzung« des Denkens lange vor der Erfindung des Internets. Allerdings können bestimmte Fragen und Gedanken zu unterschiedlichen Zeiten aufgrund neuer wissenschaftlicher Erkenntnisse oder einer veränderten gesellschaftlichen Lage in bestimmten kulturellen Kontexten eine sehr unterschiedliche Wirkung entfalten. So mögen Zweifel an einem substanziellen Selbst und an einem »letzten« Zweck des menschlichen Lebens in einem hinduistischen oder christlichen kulturellen Kontext und vor der Entwicklung der Neurowissenschaften anders (schockierender) wirken als heute. In buddhistischen Kulturen mag die Vorstellung eines relationalen Selbst, die gerade in der westlichen Philosophie und Psychologie als eine neue Erkenntnis gilt[28], eine alte Selbstverständlichkeit sein. Denn die erste Grunderkenntnis des Buddha soll ja *anatta* (Pali) oder *anātman* (Sanskrit) gewesen sein: kein Selbst. Plakativ könnte man sagen: Im Osten ist das substanzielle Subjekt schon vor 2500 Jahren »gestorben«, lange bevor Spinoza, Hume, Nietzsche, Foucault und die Vertreter der Postmoderne die philosophische Weltbühne betraten. Global gesehen passiert in der westlichen Philosophie, die die Existenz eines substanziellen Selbst anzweifelt, daher nichts besonders Aufregendes und Neues.

Wer dagegen heute die menschliche Autonomie in Frage stellt, wird viel Widerspruch erfahren. Denn personale Autonomie ist für viele gegenwärtige ethische und politische Sichtweisen zentral. Personen werden als freie Wesen, die ihr Leben selbst bestimmen können, betrachtet, und auch demokratische menschliche Gemeinschaften werden gerne als solche begriffen, in denen Menschen sich kollektiv selbst Regeln geben können. Doch wie passt das zum Zerfall der Metaphysik der substanziellen Person im Westen? Hat es, wenn man nur diese beiden Themen betrachtet, in der Philosophie in europäischer und globaler Perspektive einen Fortschritt gegeben?

Mit Ian Hacking teile ich die Überzeugung, dass Philosophie nicht im »progress business« tätig ist.[29] Sie ist, wenn man auf längere Zeitstrecken und unterschiedliche kulturelle Kontexte schaut, keine methodisch und terminologisch festgezurrte Disziplin, wie wir das von den Erfahrungswissenschaften, etwa der Physik und der Biologie, kennen, die in einem in einer Gemeinschaft von Forschenden geteilten Vokabular von Erkenntnis zu Erkenntnis fortschreiten. Auch die Texte der Skeptiker, in deren Tradition sich dieser Text einreiht und in denen wie in den *Essais* von Michel de Montaigne die philosophische Tradition aufgegriffen wird, etablieren keine »skeptische Methode« oder eine »allgemein geteilte skeptische Darstellungsform«, die sich von Sextus über Montaigne bis in die Gegenwart durchhielte und dabei irgendwie »weiterentwickelt« worden wäre. Die Philosophie scheint mir in ihren Innovationsbedürfnissen vielmehr eher der Literatur und der Kunst zu ähneln als methodischer Wissenschaft. Obwohl schon Homer über Liebe gesprochen hat, mussten auch Sappho und Walther von der Vogelweide, Shakespeare und Goethe, Proust und Beckett nach ihm über die Liebe schreiben. Es wäre merkwürdig zu behaupten, dass die Arbeiten von Shakespeare einen »Fortschritt« gegenüber denen von Homer und die von Beckett einen »Fortschritt« gegenüber denen Shakespeares bei diesem Thema darstellten. Man kann heute nicht mehr wie Homer oder Shakespeare über die Liebe schreiben, und das liegt nicht allein an den Veränderungen des literarischen Stils, sondern auch an den driftenden gesellschaftlichen Bedingungen, in denen dieses Gefühl auftritt. Menschen lieben zu unterschiedlichen Zeiten in unterschiedlichen Situationen. Aufgrund dieser Wandlungen und nicht wegen irgendeiner genuin neuen philosophischen Erkenntnis muss immer wieder über die Liebe geschrieben werden. Ähnliches gilt für das Zweifeln und philosophische Themen wie Zwecke und Zwecklosigkeit, das Selbst und die Selbstlosigkeit oder Aufmerksamkeit und Freiheit. Menschen zweifeln zu unterschiedlichen Zeiten an unterschiedlichen Dingen, und sie leiden unter sehr verschiedenen Fanatismen. Deshalb muss sich Skepsis in verschiedenen historischen und kulturellen Situationen jeweils unterschiedlich äußern. Zhuangzi und Nagarjuna, Spinoza und Hume – sie alle haben schon über das Zweifeln und das substanzielle Selbst (als Illusion) gesprochen. Wenn das gegenwärtige wissenschaftliche und philosophische Umfeld relativ zu den vergangenen Situationen global zu Neuformulierungen bei einem bestimmten Thema zwingt, ist das also keine Manifestation einer Fortschrittsbewegung hin zu mehr Wahrheit, sondern allein dem Umstand geschuldet, dass sich das Denken unter den sich ständig ändernden kulturellen, sozialen und epistemischen Bedingungen immer wieder neu artikulieren muss. Das gilt auch für skeptisches Denken und wird auch in Zukunft so sein. Deshalb wird nie etwas Endgültiges zu einem philosophischen Thema gesagt werden, so wenig wie es je ein »endgültiges« Liebesgedicht geben wird.

Wer erschien

Leserinnen und Leser, denen Texte begegnen, die, wie man so sagt, *für ihr Leben* Bedeutung haben, sehen in ihnen oft eigene Themen und Probleme gespiegelt und gedeutet, sodass sie ihr Leben nach den Lektüren anders verstehen. Es kann auch umgekehrt sein: Lebenserfahrungen, die keine Lektüren sind, können dazu führen, dass man in einem Text etwas Neues sieht. Manche Texte setzen Lebenserfahrungen voraus. Der erste Satz im Vorwort von Wittgensteins *Tractatus* lautet: »Dieses Buch wird vielleicht nur der verstehen, der die Gedanken, die darin ausgedrückt sind – oder doch ähnliche Gedanken – schon selbst einmal gedacht hat.« Wittgenstein meint hier wohl kaum, dass die Leserin oder der Leser die Gedanken des *Tractatus* schon in einem anderen Buch gelesen haben muss, sondern dass sie sie selbst einmal zu fassen versucht hat, vielleicht sogar vage gefasst, aber eben nicht niedergeschrieben hat. Man könnte in diesem Sinne von Wittgenstein auch umgekehrt sagen, dass wir ein Buch dann zu verstehen glauben, wenn wir in ihm Gedanken wiedererkennen können, die wir selbst in ähnlicher Form schon einmal zu denken versuchten. Ein Text, der der Leserin etwas sagt, muss daher keine radikal neuen Gedanken formulieren, sondern beeindruckt, weil er formuliert, was bisher zu formulieren nicht gelungen ist, aber zu formulieren versucht wurde. Gedanken, die die Lebenserfahrung deuten können, kommen endlich zur Sprache. Oder es geschieht der umgekehrte Prozess: Man hat ein Lektüreerlebnis, das einen für mich neuen Gedanken formuliert, was dann dazu führt, dass man sein Leben anders zu sehen beginnt. Es gibt Quellen in der Lebenserfahrung für das Verständnis von Texten und Quellen in Texten für das Verständnis des eigenen Lebens.

Hier werden Quellen angesprochen, die für die Deutung der Lebenserfahrung, von der im Kapitel »Was erschien« berichtet worden ist, relevant waren und die man im Lichte dieser Lebenserfahrung auf eine bestimmte Weise verstehen kann. Ein solcher Umgang mit Texten ist kein Beitrag zur Forschung. Philologische und philosophiehistorische Forschung geht nicht von individuellen Lebenserfahrungen aus, sondern orientiert sich an kollektiv erreichten »Forschungsständen«, an Verständnissen von Texten, die in forschenden Gemeinschaften entwickelt wurden und in ihnen zu einer bestimmten Zeit geteilt und für allgemein *gültig* erachtet werden. Hier wird lediglich berichtet, wer mir erschienen ist und geholfen hat, meine Erfahrungen zu verstehen. Dissense mit der etablierten Forschung werden nicht angestrebt, aber in Kauf genommen.

Das folgenreiche Lob der Zwecke: Aristoteles

»Die Natur«, schreibt Aristoteles in seiner *Politik*, erschaffe nichts vergeblich, das heißt, sie tut nichts ohne Zweck (*telos*). (1253a10)[30] Mit Zweck*freiheit* oder Zweck*losigkeit* scheint er nicht viel anfangen zu können. Vielmehr bestimmt die Suche nach Zwecken sein ganzes Werk methodisch und inhaltlich. Immer »geschieht eines um eines anderen willen«. (*Physik* 199a15) Zwecke sind für ihn etwas metaphysisch Zentrales und Gutes. Dass etwas seinen Zweck erfüllt, bedeutet für dieses Etwas, *wirklich* zu werden, und dass es gut ist, ganz wirklich zu werden, daran kann es bei Aristoteles keine Zweifel geben.

Vielleicht gibt es keinen Autor im europäischen Denken, der für die Entwicklung von Methoden bei der Suche nach Zwecken, vor allem für die sogenannte Funktionsanalyse, die etwa die Lebenswissenschaften bis heute bestimmt, auch für die Untersuchung eines jeden menschlichen Komplexes nach der Leitfrage, in welcher Weise dieses für jenes gut sein könnte, bedeutsamer gewesen wäre als Aristoteles. Er ist der »Vater« der Biologie und der teleologischen Handlungstheorie. Prozesse müssen auf etwas hinauslaufen; sie sind Verwirklichungsvorgänge oder Abläufe des Zerfalls und der Zerstörung von etwas, das wirklich war. Je nachdem, ob sie ihren Zweck erreichen, sind die Abläufe als positiv oder negativ zu bewerten. Deshalb ist die aristotelische Welt, sei es die natürliche oder die politische, eine durch und durch *bewertete.*

Es gibt bei ihm auch *selbstzweckhafte* Handlungen. (EN 1094a20) Man kann musizieren oder nachdenken um des Musizierens oder Nachdenkens willen und nicht, um damit Geld zu verdienen oder etwas Bestimmtes herauszubekommen. Aristoteles' Vorstellung vom Glück (*eudaimonia*) ist mit dieser Selbstzweckhaftigkeit verbunden. Zwecklosigkeit scheint bei ihm dagegen nur als *Zufälligkeit* (*tyche*) vorzukommen. (*Physik* 195b31) Wenn er der »teleologischste« unter den westlichen Philosophen gewesen ist, derjenige, für den Zwecke die größte Rolle in der Wirklichkeitserfassung spielen, so hat er damit das Denken in Europa vielleicht auch in eine Sackgasse oder Irre geführt. Denn vor dem Hintergrund seiner Philosophie scheint es kaum möglich, Zweckfreiheit als etwas Positives zu begreifen, Abläufe nicht als die Realisierung oder Zerstörung von Wirklichkeiten zu bewerten, die Wirklichkeit als etwas, das einfach geschieht, aber auf nichts »hinausläuft«, zu begreifen.

Menschen besitzen nach Aristoteles von Natur aus *Rede* oder *Sprache* (*logos*). Tiere verfügen seiner Ansicht nach zwar über eine *Stimme* (*phone*), die den Zweck erfülle, Schmerz und Lust anzuzeigen. Doch diese Stimme sei noch keine Rede. Denn mit Sprache begabt, ist der Mensch nach Aristoteles dazu in der Lage, das Gerechte (*dikaion*) und Ungerechte (*adikaion*) und andere Beurteilungen zu verhandeln und anzuzeigen; das ist offenbar auch ein natürlicher Zweck der Rede (wenn vielleicht auch nicht der einzige). Und, so fährt er fort, »es ist die Gemeinschaft (*koinonia*) in diesen Angelegenheiten, die den Haushalt (*oikos*) und die Stadt (*polis*) ausmacht«. (*Politik* 1253a15–19) Ohne Übereinstimmung in den Werturteilen funktioniere weder eine kleine noch eine große Gemeinschaft von Menschen. Der Zweck der wahren Gemeinschaft ist die Verständigung über diese Art von Bewertungen: darüber, was gut und gerecht ist im Leben derer, die zusammenleben.

Der Mensch als ein zur Sprache fähiges Lebewesen ist also ein Tier (*zoon*), das auch *Beurteilungen* vornehmen und über sie verhandeln kann. Und die Gemeinschaftsbildungen in Haushalten und Staaten, die den Menschen zu einem politischen Tier machen (*zoon politicon*), beruhen auf der Einigkeit in diesen Bewertungsangelegenheiten. Weil der Mensch nach Aristoteles von Natur aus ein sprachfähiges Tier ist (*zoon logon echon*), ist er auch von Natur aus ein *politisches* Wesen. Denn Politik ist das Resultat der Übereinstimmung der in einer Vergemeinschaftung Lebenden hinsichtlich ihrer Bewertungsangelegenheiten. Deshalb ist es kennzeichnend für menschliche Gemeinschaften, dass in ihnen in der Rede immer darüber verhandelt wird, was gerecht und ungerecht, was gut und schlecht ist. Die Bienen, die auch in Staaten leben, tun dies vermutlich nicht. Auch wenn Aristoteles von der Entdeckung von Karl von Frisch gewusst hätte, dass die Bienen sich in ihrer Sprache darüber verständigen können, wo Nektar zu finden ist, hätte er ihnen keine Rede im Sinne von *logos* zugestanden. Denn die Botschaften der Nahrungskundschafter der Bienen an ihre Genossinnen führen (soweit wir wissen) nicht zu Wertauseinandersetzungen.

Aristoteles denkt sich die menschliche Gemeinschaft in Analogie zu einem *Organismus*. Organismen bilden eine spezifische Form von Ganzheit, in der die Teile erst durch ihre Eingliederung in diese Ganzheit zu ihrer Wirklichkeit kommen. Entsprechend werden auch die einzelnen Haushalte und Menschen bei ihm durch den Staat so bestimmt, wie ein Organ in einem Lebewesen durch die Organisation des gesamten Lebewesens bestimmt wird. Es herrscht eine »top-down-Kausalität«, wie man auch sagt, »denn das Ganze ist notwendiger Weise vor seinen Teilen«. (*Politik* 1253a15) Ein einzelner Mensch kann sich als Mensch in seiner Wirklichkeit nicht unabhängig von der politischen Gemeinschaft erhalten, so wenig wie sich die Hand als Hand, wenn sie vom Körper abgeschnitten wird, in ihrer Wirklichkeit als ein Organ, das greift, erhalten kann. (*Politik* 1253a20–27) Die organische Ganzheit ist gut, weil sie ihren Teilen dazu verhilft, sich zu verwirklichen. Vielleicht hat noch heute der Ausdruck »organische Ganzheit« für uns deshalb einen guten Klang.

Dieser Gedankengang sieht unscheinbar und in gewissem Sinne heiter aus. Denn die politische Gemeinschaft erscheint bei Aristoteles noch nicht als ein *Zwangszusammenhang*, in dem Macht in einem Gewaltmonopol konzentriert und kontrolliert wird, damit ein chaotischer Krieg aller gegen alle ein

Ende findet, wie dies 2000 Jahre später bei Thomas Hobbes der Fall ist. Die Aristotelische *Politik* handelt jedoch auch von Sklaven und Freien. Dieser Unterschied ist in seinen Augen teilweise ein natürlicher. Zum Sklaven konnte man in dieser Zeit werden, wenn man sich in einer Schlacht ergeben musste, aber nicht bereit zu sterben war. Aristoteles unterscheidet zwischen natürlichen und konventionellen Sklaven und lehnt die Vorstellung ab, dass Sklaverei *allein* auf Konvention beruhe. Zwar mag es sein, dass jemand zufällig gefangen genommen und versklavt wird. Doch es gibt Menschen, die seiner Meinung nach unter keinen Umständen dazu fähig sind, ihr Leben selbst als Freie zu führen, und andere, denen das überall möglich ist. (*Politik* 1255a31 f.) So, wie es von Natur aus Freie gibt, die aufgrund ihrer Natur über natürlicherweise Unfreie herrschen, legt in seinen Augen auch die natürliche Unterscheidung zwischen Männern und Frauen ein Herrschaftsverhältnis fest: Männer herrschen über Frauen. (*Politik* 1259b1 ff.) Auf diese Weise ergab sich für Aristoteles eine *natürliche Hierarchie der menschlichen Wesen*: Die Freien *stehen über* den Sklaven und zwischen beiden die Frauen (und Kinder), die ebenfalls von den freien Männern zu beherrschen sind.

Aristoteles zeichnet einerseits in seiner *Politik* ein ungewöhnlich *modernes* Bild der menschlichen Rede, der Sprache und des Denkens (je nachdem, wie man *logos* übersetzen will) und der menschlichen Gemeinschaft. Denn was man die »cartesische Sicht« der Erkenntnis nennen könnte, nach der eine einsame Denkerin sich in ihren Ideen ein Bild der Welt macht, so existiert sie hier noch nicht. In der Neuzeit befreite sich die Philosophie erst im Spätwerk von Ludwig Wittgenstein von diesem Cartesianismus, sah ihn als irregeleitet an, sofern Wittgenstein die formulierbare Erkenntnis der Welt auf eine *Sprachgemeinschaft* angewiesen sah. Er brachte das tief im Inneren des Kopfes versteckte Subjekt aus seiner Isolation wieder zurück in die Gemeinschaft der Sprechenden. Die Aristotelische *Politik* zeigt bereits, dass Platons Schüler nicht nur klar war, dass der *logos* ein *Gemeinschafts*projekt ist, sondern auch, dass menschliche Sprache nicht wie ein *Abbildungsinstrument*, wie ein Spiegel der Welt funktioniert, sondern vielmehr ein *gemeinschaftliches Bewertungswerkzeug* ist. Das erinnert an moderne pragmatistische Konzeptionen, die die angeblich klare Trennung von Tatsachenfeststellungen und Bewertungen in Frage stellen.

Andererseits ist jedoch der enge Bezug auf Bewertungen bei Aristoteles nicht nur in den Überlegungen zur Rede in seiner *Politik* gegeben, sondern durchzieht seine ganze Kosmologie. Die Hierarchie zwischen Männern, Frauen und Sklaven ist nur ein Beispiel für ein grundsätzlich hierarchisches Denken, das uns Heutigen unmodern erscheint. *Alle* Einzelwesen, die unter dem Mond in Zeit und Vergänglichkeit existieren, entwickeln sich zu ihrer Wirklichkeit in einer *zielgerichteten Weise*. Was »von Natur aus wird und ist«, unterliegt Prozessen der Entwicklung »auf einen bestimmten Zweck« hin. (*Physik* 199a8) Dabei ist das vollendet Wirkliche besser als das noch nicht Wirkliche, das noch unterwegs zu seiner Wirklichkeit ist, und erst recht als das bloß Mögliche. Jenseits des Mondes beginnt der übernatürliche Bereich der Welt, in dem es kein Entstehen und Vergehen mehr gibt, sondern ewige Wirklichkeit entweder in kreisförmiger Bewegung oder in Ruhe bei Gott besteht, der reinen Wirklichkeit, dem unbewegten Beweger.

Diese Hierarchie der Wesen ergibt sich aus dem *Grad der Wirklichkeit*, den etwas realisieren kann. Alle Einzeldinge sind ein Zusammengesetztes (*synholon*) aus Stoff und Form.

Gott allein ist *reine Form* oder als Einzelwesen eine Wirklichkeit, in der keine Möglichkeit mehr unrealisiert geblieben ist. Weil alles nach Wirklichkeit strebt, streben die Sterne in Richtung auf Gott, begehren sie ihn (*Metaphysik* 1072a26 ff.) und geraten dadurch in Bewegung. Die sich im Kreis in ihrem Streben nach Gott ewig drehenden Sterne entstehen und vergehen selbst jedoch so wenig wie Gott, ebenso wenig wie Sonne und Mond. Doch weil sie sich bewegen, sind sie noch mit Möglichkeit behaftet: Sie können hier oder da sein, wandern von einem Ort zum anderen. Allein Gott als unbewegter Beweger kann keine Möglichkeiten mehr verwirklichen, weil er ganz Wirklichkeit und damit »das höchste Wesen« ist.

Unter dem Mond bewegen sich die Wesen nicht nur, sondern sie entstehen und vergehen auch. Selbst Steine zerschellen, Bäume werden gefällt, Tiere und Menschen sterben. Von Gott aus, über die Sterne zu denjenigen Wesen, die Geburt und Tod unterworfen sind, spannt sich eine kosmische Hierarchie, in der das Streben nach Wirklichkeit und Vollkommenheit im Sinne von Unveränderlichkeit ein grundlegendes Ziel ist, dessen Realisierung bestimmt, wie ein Wesen zu bewerten ist.

So ist die aristotelische Welt eine der Ziele, Zwecke und Bewertungen, der Übergänge vom Möglichen zum Wirklichen. Alles, außer Gott, unterliegt dem Streben nach Wirklichkeit in der Verfolgung irgendeines Ziels. Schon die vereinzelten Vorkommnisse der Elemente Feuer, Wasser, Erde und Luft streben nach ihresgleichen, Feuer zu Feuer, Wasser zu Wasser, Luft zu Luft und Erde zu Erde, sie vereinigen sich entsprechend miteinander an ihren natürlichen Orten. Die Lebewesen streben danach, im Keimen und Wachsen ihre erwachsene Gestalt zu verwirklichen, zu Nahrung zu gelangen, sich in ihrer Art fortzupflanzen.

Die Menschen schließlich streben in ihrem Leben nach Glück als dem letzten Ziel ihres Handelns (oder *sollten* es tun, meint Aristoteles in seiner *Nikomachischen Ethik*, EN 1095a20). Dieses höchste Ziel des menschlichen Lebens wird von Aristoteles als der den Menschen angemessene Endpunkt angesehen, den sie »ansteuern«, sofern sie ihr Handeln richtig verstehen (als *eupraxia*). Und dieses Handeln ist in der Gemeinschaft der Menschen zu vollziehen, nur in der Gemeinschaft kann das Glück letztlich realisiert werden. (*Politik* 1325b27) Denn nur in der städtischen Gemeinschaft können Menschen die ihnen angemessene Tätigkeit im kollektiven normativen Abwägen auffinden und realisieren und als »politische Tiere« ihr Glück verwirklichen. Auf diese Weise wird bei Aristoteles die städtische Gemeinschaft zur Bedingung des menschlichen Glücks.

Das Christentum konnte, auch wenn es die aristotelische Vorstellung von der Ewigkeit der Welt und der Ungeschaffenheit der Arten vor dem Hintergrund der mosaischen Schöpfungsidee nicht teilen konnte, an dieses hierarchische Denken gut anschließen. Hier steht der Mensch, als Ebenbild Gottes, weit oben in der Rangordnung der Wesen. Die Tiere sind ihm untertan.

Obwohl sich Philosophie und Wissenschaft von vielen aristotelischen Überzeugungen wegbewegt haben, waren seine hierarchischen Beschreibungen des Aufbaus der Welt, in denen höhere von niederen Wesen unterschieden werden und der Mensch an eine besondere Stelle in dieser Hierarchie gesetzt wird, lange Zeit weit verbreitet, sicherlich auch, weil das Christentum sie aufgreifen und weiterführen konnte. Dass das Verfolgen von Zwecken etwas Natürliches und Gutes ist, blieb lange und bis heute eine Selbstverständlichkeit im europäischen Denken. Antike Autoren, die das bestritten (wie Demokrit und Lukrez), spielten immer eine untergeordnete Rolle oder wurden sogar verachtet. Erst mit Spinozas *Ethik* von 1677 setzt im westlichen Denken eine grundlegende *Teleologiekritik* ein. Das, was Spinoza als »Gott oder die Natur« (*deus sive natura*) bezeichnet, handelt und ist »um keines Zweckes willen da«. Auch beim Menschen deutet Spinoza jede Zweckursache (*causa finalis*) als nichts anderes als einen Trieb (*appetitus*), der auf irgendeine andere Ursache in seinem Erwachen und seiner Realisation zurückgeführt werden muss.[31] Doch sind wir, wenn wir über »Selbstverwirklichung« sprechen und behaupten, dass sich Menschen »ein Ziel im Leben setzen müssen«, um Sinn und Glück zu finden, nicht immer noch im Herzen Aristoteliker? Erscheint uns die Vorstellung, dass das Leben »auf nichts hinausläuft«, nicht depressiv oder in einem verbreiteten Missverständnis der Lehren von Siddhartha Gautama »buddhistisch-nihilistisch«?

In jüngster Zeit mehren sich Stimmen, die gegen einen sogenannten »Anthropozentrismus« gerichtet sind. Sie sagen, eine Weltbetrachtung und ein kollektives Handeln allein aus der Perspektive der Menschen sei von Übel. Denn die sei lediglich durch Einschätzungen bestimmt, die *menschliche Zwecksetzungen* als die einzig relevanten für das Handeln in Betracht ziehe. Doch, so wird gefragt, müssen nicht andere, nichtmenschliche Wesen in ihren Interessen ebenso berücksichtigt werden? Welche Hierarchie rechtfertigt eigentlich die Überordnung der Interessen und Ziele der einen Wesen über die der anderen? Vielleicht entsteht langsam eine nichthierarchische und nichtanthropozentrische Weltauffassung und ein aus ihr gespeistes Handeln, in dem die praktischen Konsequenzen aus der spinozistischen Kritik an der aristotelischen Weltauffassung gezogen werden. Vielleicht vereinigen sich auch Tendenzen des indischen und chinesischen Denkens im Laufe der Zeit mit einem nicht mehr anthropozentrischen und antiteleologischen westlichen Denken, sodass Menschen nicht mehr glauben müssen, erst die Verwirklichung bestimmter letzter Ziele mache ihr Leben zu einem richtigen und sinnvollen.

Leben als Durchhalten: Beckett

»Ich bin ein Körper, der sich hin und her bewegt, auf und ab, je nach Bedarf. Mit einem Sammelsurium von Gliedern und Organen, alles, was nötig ist, um wieder zu leben, um ein wenig Zeit zu überbrücken, das nenne ich Leben, das bin ich«, schreibt Samuel Beckett in den *Texten um Nichts*.[32]

Ein »Sammelsurium von Gliedern« ist ein Ausdruck, der zur Vorstellung einer »organischen Ganzheit«, wie sie sich seit Aristoteles durch das westliche Denken zieht, in einem ziemlich scharfen Kontrast steht. Eine von Becketts Stimmen stellt sich vor, nur ein Bein zu haben oder nur ein Kopf zu sein: »… die beiden Beine, oder nur eins, in der Mitte, ich würde mich hüpfend davonmachen. Oder nichts als den Kopf, schön rund, schön glatt, er braucht keine Gesichtszüge, ich würde rollen, den Abhängen folgen, fast als reiner Geist …« (DH, 148 f.)[33] Der Leib wird in Becketts Vorstellung zu etwas Beliebigem, Zufälligem, Absurdem, das so oder auch anders sein könnte, in dem er jedoch, wie wir noch sehen werden, als Geist sich selbst wie ein Gefangener erscheint. Das ist eine ganz andere Vorstellungswelt als die aristotelische, in der die Seele die Form des lebendigen Körpers ist und der lebendige

Körper ein funktional fein abgestimmter Zusammenhang. (*De Anima* II, 412a)

Die Formulierung »um wieder zu leben« im Eingangszitat verweist auf den Einfluss, den indisches Denken, darunter auch der Buddhismus, auf Beckett genommen hat: Geburt und Tod scheinen sich zu wiederholen. Belacqua, eine Figur in Becketts früher Sammlung *More Pricks Than Kicks*, findet sich in *Echos Knochen* in einem Zwischenreich wieder, einem »Bauchgrab«, in das er geraten ist, nachdem er »aus einer faultierhaften Glückseligkeit ..., die unendlich geschmeidiger war als Öl und zarter als Kürbisse«, wohl einer Fruchtblase, herausgefallen war.[34] Ein U-Boot taucht auf, von dem aus Seelen eingefangen werden, ein modernes Nachfolgemodell von Charons Kahn, in dem die Seelen über den Styx ins Jenseits befördert wurden. (EK, 44)[35] Ist Belacqua von diesem U-Boot als Gespenst in die Zwischen-Welt, den Limbo von *Echos Knochen*, gebracht worden?

Als ein Gespenst, das »endlich an der Schwelle der endgültigen Auslöschung als freier Toter« angekommen ist, sitzt Belacqua zu Beginn der Erzählung nicht nur auf einem Zaun, einem Zwischenort zwischen zwei Leben oder zwischen dem letzten Leben und dem endgültigen Verlöschen, sondern später auch »auf seinem eigenen Grabstein« und trommelt »gereizt mit den Hacken auf dem R.I.P.« herum. (EK, 43) Denn er kann nicht in Frieden ruhen nach dem Sterben, er muss herumgeistern, als »Hirngespinst« auf dem Rücken eines Riesen namens Gall einen »Alptraum-Huckepack« durchmachen. (EK, 25 u. 45)

Belacqua begegnen andere Tote aus der frühen Beckett'schen Sammlung *More Pricks Than Kicks*. *Echos Knochen* war zunächst als Ergänzung zu dieser Sammlung, die dem Verlag zu kurz erschien, gedacht. Doch der Protagonist war schon in der zehnten Erzählung umgekommen. So blickt er in der elften Geschichte, die der Verlag als zu unverständlich und düster ablehnte, aus einem Limbo auf Figuren der vorherigen Texte zurück. Aber nicht nur auf sie. Auch Ovid, Swift und Shakespeare, Dante, Augustin und Chaucer, die Brüder Grimm, Melville und Darwin erscheinen ihm.[36] Der Text ist ein Echo von Beckett'schen Figuren in einem Jenseits und ein Echo von nichtbeckett'schen Texten. Seine Welt ist eine schaurige und absurde. Belacqua meint, man dürfe aus dieser absurden Welt »kein Drama« machen, sondern müsse ihr »widerstehen … das heißt, das Leid aus dem Dasein herauslachen«. (EK, 32) Vielleicht war das auch eine Sichtweise auf und Maxime gegenüber dem Leben, die der Autor selbst gepflegt hat.

Diese Welt ist wie die in den späteren Beckett'schen Texten bereits vor allem eine der Qual und Sinnlosigkeit, ein Mechanismus der ewigen Wiederholung und Enttäuschung, des Geborenwerdens und Wachsens, dann der Schrumpfung und des Verschwindens. Sie ist kein schöner aristotelischer Reigen von nach Verwirklichung strebenden Einzelwesen, die an einer vermeintlich sinnstiftenden kosmischen Hierarchie teilhaben. Die Menschen »gebären über dem Grab, das Licht blinkt kurz auf, dann ist wieder Nacht«.[37] Nach Anaximander vergehen alle Einzeldinge wieder »in die Elemente«, weil ihr Entstehen eine »Ungerechtigkeit« darstelle. Sie zahlen mit ihrem Untergang notwendig »einander Strafe und Buße … nach der Ordnung der Zeit«.[38] Daran anklingend gibt Belacqua zu Beginn von *Echos Knochen* »bereitwillig« zu, »dass sein bestimmtes, individuelles Dasein strenggenommen ein Unrecht gewesen war und dass dieser öde Tilgungsprozess«, sein Tod, »unter Fortwirken der alten Fehler die Buße darstellt, die allen Aufsteigern in die Lebendigkeit zudiktiert wird – jedem nach der Ordnung der Zeit«. (EK, 7) Bei Beckett realisieren Lebewesen kein inneres Wesen, sondern steigen als mehr oder weniger zufällig zusammengewürfelte Gebilde auf aus der dunklen Unlebendigkeit in eine kurze, aber absurde Lebendigkeit, in der sie vor allem »weitermachen«, »durchhalten«, ihre »Zeit überbrücken« müssen. Dafür haben sie nach den Regeln einer Art Karma für dieses kurze Leben mit dem Tod zu bezahlen. Wenn der Tod dann nicht, wie für Belacqua, die Rückkehr in die unlebendige Ruhe bedeutet, so ist das mehr als ermüdend: »Es ist ermüdend, in einem Zuge zu gewinnen und zu verlieren, mit den dazugehörigen Emotionen, man ist ja nicht aus Holz, das Urteil fällen, das Barrett aufsetzen und aus den Latschen kippen, das ist ermüdend, auf die Dauer, ich bin es müde, ich wäre es müde, an meiner Stelle. Es ist ein Spiel, es wird ein Spiel, ich werde aufstehen, ich werde gehen, wenn nicht ich, dann irgendein anderer.« (DH, 155)

Es kommt, das wird an dieser Passage aus den »Texten um Nichts« deutlich, bei Beckett nicht immer darauf an, wer »ich« sagt, wer genau das Spiel des Lebens zu spielen hat. Es scheint manchmal eine allgemeine Reflexivität zu sein, in der die Individuen merkwürdig ineinander verschwimmen, die in die organischen Verhältnisse gerät und dann aus der Perspektive dieses Leibes auf die Welt und ihre Vergangenheiten schauen muss. Das ist dann alles nicht besonders schön und erfreulich, sondern höchstens ein wenig witzig, führt aber letztlich nur zur Erschöpfung: »Jählings, nein, allmählich, endlich konnte ich nicht mehr, nicht mehr weiter.« So beginnen die »Texte um Nichts«. (DH, 137)

Leben scheint bei Beckett Negation einer im Leben noch vage gespürten ursprünglichen Ruhe, eines sanften Nichts, zu der die Einzelwesen eigentlich wieder zurückstreben, aber gar nicht so leicht wieder zurückkönnen. Man denkt an Freuds

Nirvana-Prinzip, das Beckett, der sich von Bion hat psychoanalysieren lassen, vielleicht kannte.[39] Der Tod garantiert diese Rückkehr bei Beckett jedenfalls ebenso wenig wie in den indischen und pythagoräischen Wiedergeburtsmythen. Seine Figuren scheinen eine Ruhe anzustreben, in der die Einzelnen ihre ohnehin manchmal nur vage bleibende Einzelheit, die an ihre organische Ausstattung und eine häufig nebulös bleibende Lebensgeschichte gebunden ist, wieder verlieren. Der reflexiv-organische Zustand des körperlichen Ichs scheint gegenüber dieser Ruhe ein ständiger Kampf gegen eine Art Entropie, die Lebensgeschichte keine Verwirklichung von irgendetwas, sondern ein unklares Ankämpfen gegen einen Sog ins Dunkle. Doch diese Wesen wollen »eigentlich« das ruhige Nichts und keinen positiv bewertbaren (von wem?) Lebensvollzug, keine »gelingende Geschichte«. Niemand wird in Becketts Universum gebildet zu Höherem, nichts kommt zu irgendeiner Vollkommenheit. Es herrscht eine dauernde Anstrengung, die permanent behindert wird, der sich ein Widerstand nach dem anderen entgegenstellt.

Beckett benutzt die Formulierung vom Weitermachen oder Durchhalten nicht nur in seinen literarischen Texten, wenn seine Figuren von ihrem Leben sprechen oder sogar vom Schreiben, wie Belacqua manchmal als Geistwesen aus seinem Limbo heraus. Beckett sprach so auch von seinem eigenen persönlichen tatsächlichen Leben. Am 26. März 1937 schreibt er aus München von einer Reise, auf der er unter anderem die von den Nationalsozialisten als »entartete Kunst« diffamierten Gemälde in Deutschland studierte, an Arland Assher in Dublin: »Ich bin müde. Ich habe mehr abgebissen, als ich ausspucken kann. Ich wollte noch weiter; Augsburg, Ulm, Stuttgart, Karlsruhe, Freiburg, Strassburg, Colmar, aber es ist aus. (…) Es steht schon so schlimm um mich, dass ich

Hans Carossa lese … ›Verlerne die Zeit, dass nicht dein Anlitz verkümmere, und mit dem Anlitz das Herz.‹ Unschlagbar … Weitermachen ist mehr als ich tun kann.«[40]

Beckett nimmt in seiner Dichtung auf Körperzustände und körperliche Lagen (wenn es nicht um das Erotische geht) vor allem als Erscheinungen der Vereinzelung, als Missstände und Bedrückungen für eine geistige Existenz Bezug. Dies geschieht nicht, weil er irgendeiner materialistischen und pessimistischen Metaphysik des Lebens anhinge. Eher scheint es, als sei der Körper bei ihm etwas, was einen allgemeinen Geist durch die Vermittlung sexueller Gier dazu zwingt, eine Weile zwischen Geburt und Tod als Ich leiblich mit einer Geschichte durchhalten zu müssen. Besser scheint es dagegen, so kann Beckett mit Schopenhauer, dem Buddhismus und dem von ihm ausführlich studierten Meister Eckhart erwägen (BuB, 55–61)[41], wenn dieses Ich *nicht* wäre, wenn diese leiblich-soziale Individualität *nicht* entstünde beziehungsweise nicht (im Sinne Anaximanders) die Schuld der Individualisierung auf sich lüde. Besser wäre es, wenn eine wahre Ent-Selbstung möglich wäre. Dann träte vielleicht wirklich Ruhe, Frieden, Stille ein, die es im leiblichen Leben nur für Momente gibt. Doch das scheint in seinem Kosmos kaum möglich, es wird kein Weg hinaus gezeigt. Denn die, die ihre Geburt ungeschehen zu machen versuchen, könnten ja, wie Belacqua in *Echos Knochen*, auch in einem Gebiet landen, in dem sie weder lebendig noch tot sind, weder »wahre« Einzelne noch »stille Allgemeinheit«, in dem sie sich an ihre Leben erinnern müssen, sie ihre ehemaligen Existenzen weiter als Albträume verfolgen. Erst wenn auch diese Erinnerungsschatten verschwänden, wenn man es dazu brächte, dass »die Stimmen verstummen« (DH, 144), träte vielleicht wirklich Stille und Frieden ein. Bedarf es dazu einer über den Tod hinausgehenden »Ent-Selbstung«, wie Beckett im Anschluss an Meister Eckhart geglaubt haben mag?

An Meister Eckhart erinnert auch die Paradoxie der folgenden Passage: Er, Gott, scheint endliche Gestalten, Körper *zu wollen*, ins Dasein zu rufen. Doch sie sind als Geistwesen ja nicht von ihm verschieden, weil er alles, jedoch nichts Einzelnes und insofern nichts ist. Ich, als Geistwesen, als Aufmerksamkeit, bin Er, Gott oder Alles, Er ist Ich, sofern sein Geist in dieser körperlichen Gestalt ist: »… er will mich da haben, mit einer Gestalt und einer Welt, wie er, trotz ihm, der ich alles bin, wie er, der nichts ist.« (DH, 150) Über ihn gibt es nichts zu sagen, denn er hat keine Geschichte, weil er kein einzelnes Wesen mit Geburt und Tod, weil er ewig oder alles ist: »freilich hat er keine Geschichte.« (DH, ebd.) Ist das ein Mangel? Will er deshalb das Ich, in irgendeinem Haufen von Gliedern, haben, das dann eine Geschichte hat, eine Geschichte, die er diesem Ich »andrehen« kann? (DH, ebd.) Warum sollte das Wesen, das alles ist und nichts und deshalb auch nach nichts strebt, die Wirklichkeit dieser vereinzelten Ichs wollen, die als geistige Wesen doch nur wieder er sind? Mystische Paradoxien.

Die gespenstischen Bilder der gleichsam leiblosen Zwischenexistenzen und der manchmal in fixierten Leibern gefangenen Leben scheinen bei Beckett das Religiöse und das Ästhetisch-Kreative ineinander zu überblenden. Ist das Zwischenreich, in dem Belacqua erscheint, nicht auch der Geist des Dichters, in dem seine Figuren herumrumoren, bis ihm wieder eine Geschichte in den Kopf kommt? Oder ist die Welt die Manifestation eines »großen Geistes«, ist sie eine Fantasie Gottes, der sich unabhängig von diesen Fantasien nicht rührt, durch sie aber immer wieder Einzelwesen in eine Geschichte wirft? Wenn er über das Erscheinen von Einzelwesen nachdenkt, lässt Beckett auch seine Romanfiguren Molloy und Malone auftreten: »Sein Leben (Gottes Leben, das Leben des Dichters?, M. H.), sprechen wir darüber, das mag er nicht, er hat begriffen, nämlich dass es nicht seines ist, es ist nicht er, was für ein Gedanke, ihm so was anzutun, das ist gut für Molloy, für Malone, das sind die Sterblichen – ... kein Gedanke daran, so was durchzumachen, er, der sich nie gerührt hat, er, der ich ist, wenn man alles in Betracht zieht ...« (DH, 150)

Im ersten der »Texte um Nichts« denkt die erzählende Stimme darüber nach, dass ihr Rheuma nichts anderes ist als das Rheuma ihrer Mutter, und angesichts eines »Aasjägers«, der auf das erzählende Wesen hinabblickt, sagt sie: »Ich bin dort oben und ich bin hier unten, so wie ich mich sehe ...« (DH, 139) Und dann: »... wir sind *ein Geist, alle von einem Geist,* waren es immer, tief im Innern mögen wir uns, wir tun uns gegenseitig leid, aber es gibt nichts, was wir füreinander tun können.«[42] Die Erzählstimme erinnert sich an die Gutenachtgeschichte ihres Vaters, die immer schlecht begann, aber gut ausging. Es war immer dieselbe. Aufgesagt Abend für Abend, wie ein Gebet, wie zur Beruhigung. Und dann sagt sie: »Ja, ich war mein Vater und ich war mein Sohn, ich habe mir Fragen gestellt, und ich habe so gut es ging geantwortet, ich habe mir Abend für Abend dieselbe Geschichte von neuem aufsagen lassen, die ich auswendig konnte, ohne daran glauben zu können ... So habe ich durchgehalten, bis jetzt. Und auch heute Abend scheint es zu gehen ...« (DH, 141)

Wir haben oder sind, so scheint dieser Text nahezulegen, ein einziger Geist. Doch als vereinzelte Wesen sind wir in dieses Sammelsurium von Organen gebannt. Wir sind keine Geister, sondern ein Geist in Lebensgefäßen mit Geschichten. Als Geist sind der Vater und der Sohn eines. Der Vater beruhigt den Sohn, der er ist. Und so beruhigt er zugleich sich selbst. Als Körper sind sie verschieden und leiden sie, unabhängig voneinander, ohne sich wirklich helfen zu können, außer durch diese Beruhigungen, durch diese Geschichten, die schlecht anfangen, aber gut ausgehen. Ihre geistige Einheit hilft ihnen nicht, sie können nichts füreinander tun, sich aus ihrer leiblichen Vereinzelung nicht erlösen, höchstens ein wenig trösten. Doch die Geschichten, die der Vater dem Sohn am Bett erzählt, erzählen die Figuren Becketts und Beckett sich selbst nicht mehr. Sie kennen das Ermüdende des Lebens, das ermüdend Sinnlose seiner Geschichten, wissen um die Tatsache, dass, was immer sie sich auch erzählen, sie irgendwann nicht mehr werden durchhalten können.

Auch die vielen verschiedenen Figuren einer Dichtung sind aus einem Geist, dem der Autorin oder des Autors. Geht es hier also um die Welt der Dichtung oder die Welt *als* Dichtung? Schon viele Male scheint die erzählende Stimme gestorben zu sein: »... ich habe mich überall tot gestellt, aus Hunger, aus Altersschwäche, ermordet, ertrunken und dann unbegründet, oft unbegründet, aus Überdruss, das stärkt, so ein letzter Seufzer, und dann die Zimmer meines sanften Todes, im Bett, wo ich unter meinen Penaten erstickte, immer murmelnd, die gleichen Worte, die gleichen Geschichten, die gleichen Fragen und Antworten ...« (DH, 140) Es ist, grob betrachtet, immer dieselbe Geschichte von Geburt und Tod, dazwischen Reden, Lauschen, Mühe, Spiel. (DH, 141) Was soll das alles? Es läuft ja auf nichts hinaus, vor allem in seiner unendlichen Wiederholung nicht. Sind die ehemals in der Erzählkunst erfundenen Geschichten das Beruhigungsmittel zu diesen unendlichen Leben gewesen, eine Wiederholung der Lebensgeschichten in den Wiederholungen der erzählten Geschichten und umgekehrt? Oder sind sogar die tatsächlichen Lebensgeschichten Beruhigungsmittel einer großen allgemeinen Aufmerksamkeit, die sich immer wieder in Einzelwesen verirrt?

Entwicklungsgeschichten, in denen sich jemand entfaltet, als Individuum »zu sich selbst kommt«, »sich selbst verwirklicht«, kurz: Triumphe der Individualität und ihrer vollkommenen Verwirklichung – das alles lag Beckett fern. So ist das Leben einfach nicht gemacht für Belacqua, Murphy, Molloy, Malone, Ponzo und wie sie alle heißen mögen. Für den, der das einsieht, der das abgeschüttelt hat, was aus der Beckett'schen Perspektive vielleicht die »aristotelische Illusion des Lebens« genannt werden kann, hat es keinen Sinn mehr, solche Geschichten zu erzählen, weder sich noch anderen. Ist ihre Trostfunktion einmal erkannt, trösten sie schon nicht mehr. Deshalb hat Beckett an der *Zerstörung* der Geschichten gearbeitet.

Schon Murphy, die Hauptfigur in seinem gleichnamigen frühen Roman, die sich an einen Schaukelstuhl fesselt, sich wiegt, um sich zu beruhigen oder ihre Geburt ungeschehen zu machen, entwickelt sich nicht. Murphy versucht zurück in den ruhigen Urzustand zu finden, indem er sich an den Schaukelstuhl bindet, dessen Bewegung an das Gewiegtwerden im Leib der gehenden Mutter erinnert (BuB, 128), das Reich, »in dem (es, M.H.) unendlich geschmeidiger war als Öl und zarter als Kürbisse«. Ist dieses Schaukeln eine hilflose Meditation, ein verzweifelter Versuch, wieder eins zu sein mit dem großen Geist, der allgemeinen Aufmerksamkeit? Murphy verbrennt schließlich als Gehilfe in einer Psychiatrie. Mit dem Beutel seiner Asche wird in einer Kneipe Fußball gespielt, bis sie sich auf dem Boden zerstreut. Murphy zog es zu denen, die sich dem Irrsinn der gewöhnlichen Welt zu entwinden gelernt hatten, indem sie sich in ihre Innenwelt zurückzogen, und die »wir« deshalb »die Verrückten«

nennen, die anders als durch einen solchen Rückzug jedoch nicht einmal eine Weile weitermachen, ihr Leben in »unserer Welt« durchhalten konnten. Die Zerstreuung von Murphys Asche vereinigt »ihn«, oder was immer er geworden ist, im Feuer mit allem um ihn herum. Als Leser hofft man, dass er nicht in Belacquas Limbo gelandet ist.

Je mehr wir die einzelnen Dinge erkennen, umso mehr erkennen wir Gott: Spinoza

Wenn Aristoteles der Philosoph der Zweckmäßigkeit und der Vernunft als der Fähigkeit zu bewerten ist, so ist Spinoza in der westlichen Philosophie der größte Kritiker sowohl der Teleologie wie des Bewertens. Das macht seine bis heute ungewöhnliche und aufregende Modernität aus.[43] Zwecke sind für ihn menschliche Fiktionen. Aus ihnen entstehen »die Vorurteile von gut und böse, Verdienst und Sünde, Lob und Tadel, Ordnung und Verwirrung, Schönheit und Hässlichkeit und dergleichen«.[44] Vor allem der Gedanke, dass ein persönlicher Gott die Wesen und Dinge für einen bestimmten Zweck mit seinem Willen erschaffen habe, wird von Spinoza als ein Vorurteil kritisiert.[45] Er schreibt: »… alle Vorurteile, welche ich hier (in der *Ethica*, M.H.) behandeln will, hängen von Einem ab, nämlich davon, daß die Menschen gewöhnlich annehmen, alle Dinge in der Natur handelten, wie sie selbst, um eines Zwecks willen, ja daß sie von Gott selbst mit aller Bestimmtheit behaupten, er leite alles zu irgendeinem bestimmten Zweck – sagen sie doch, Gott habe alles um des Menschen willen gemacht, den Menschen selbst aber, damit er ihn verehre …« (EIapp) Heute würde man diese Sichtweisen als »anthropozentrisch« charakterisieren. Spinoza ist einer der ersten Kritiker des Anthropozentrismus in Europa, vielleicht überhaupt der erste.

Das Denken in Mitteln und Zwecken, das sich den Menschen aufzwingt, weil sie als endliche Wesen permanent nach Ressourcen für ihre Selbsterhaltung suchen müssen, führt nach Spinoza zu der Verblendung, *die ganze Welt* sei auf Menschen hin geordnet als eine mögliche Ressource ihrer Existenz. Deshalb haben sich Menschen auch ausgedacht, Götter hätten alles für sie so eingerichtet, dass es ihnen nützlich, für die Befriedigung ihrer »blinden Begierde und unersättlichen Habsucht« (ebd.) da sei. Sie selbst seien dagegen auf der Welt, um die Gottheit zu preisen, gleichsam ein Geschäft auf Gegenseitigkeit: Ressourcen gegen Lob. Ihren eigenen »Wahnwitz« nicht nur sich selbst zu erhalten, sondern zu glauben, als »Ebenbilder Gottes« berechtigt zu sein, *alles* auszubeuten, verbanden Menschen in Spinozas Augen also mit dem naiven Glauben, der die tatsächliche »Vollkommenheit Gottes« aufhob, indem er ihn als ein Wesen vorstellte, das Interessen folgend Wunder in »tit-for-tat-Geschäften« vollbringt, entweder um die Menschen zu belohnen oder um sie zu bestrafen. Denn immer, wenn die Natur sich den Menschen ungünstig zeigte, etwa bei einer Flut, einem Erdbeben oder Vulkanausbruch, betrachteten sie das als eine Strafe, die von einer herrschsüchtigen Gottheit über sie verhängt worden war, weil sie etwas falsch gemacht hätten. Eine solche Vorstellung von Gott betrachtet das höchste Wesen als bedürftig: Es verfolgt noch nicht erreichte Ziele und ist auf Lob angewiesen; es wird zornig, wenn es seine Ziele nicht erreicht und nicht genügend gepriesen wird. Dieses anthropomorphe Denken über das Heilige ist für Spinoza lächerlich, und es ist, wie heute deutlich wird, wie jedes anthropozentrische Denken schädlich: für die Menschen selbst genauso wie für ihre Mitwesen. Der eigene Tod muss denen, die ihn als Strafe begreifen, als ein Geschehnis erscheinen, das »eigentlich« nicht eintreten dürfte, wenn man alles »richtig« machen könnte. Wenn Äpfel am Baum »für mich« wachsen, dann ist die Lawine, die mich verschüttet, »gegen mich« gerichtet. Mein Tod als das größte Übel, das mir begegnen kann, muss also eine Strafe sein für eine Handlung, die in den Augen der Gottheit »nicht richtig« gewesen ist.

Sein Leben auf das Erreichen endlicher Güter auszurichten und durch Todesfurcht bestimmen zu lassen ist nach Spinoza jedoch unvernünftig und führt notwendig in Unfreiheit und Unglück (wie er zu Beginn seiner Abhandlung zur *Verbesserung des menschlichen Verstandes* ausführt). Freie Menschen (in Spinozas Sinn von Freiheit als Vernünftigkeit, nicht als Wahlfreiheit, vgl. EIVprop68) denken an nichts weniger als an den Tod. (EIVprop67) Denn Menschen sind in Spinozas Augen notwendigerweise endlich, weil es immer etwas in der Natur gibt, das mächtiger als sie selbst ist. Der Tod ist in diesem Sinne nichts Böses, kann nicht als eine Strafe gedeutet werden, die Menschen angetan wird, weil sie selbst böse gehandelt haben, es sei denn, man betrachtet die von Menschen über Menschen verhängten Todesstrafen und die für sie gegebenen Begründungen. Spinoza kann entsprechend den Zustand der Menschen im Mythos vom Garten Eden, als sie noch nicht vom Baum der Erkenntnis gegessen hatten, also die Unterscheidung von Gut und Böse noch nicht kannten, als einen in der Vernunft, in Freiheit und in Einheit mit Gott deuten, in dem die Sterblichkeit für sie nicht existierte. (Vgl. EIVprop68sch) Durch den Übergang in den *Zustand der Bewertung* begannen Menschen sich zu schämen, beurteilten ihren Leib und wurden insofern sterblich, als sie sich aus dem Gesamtzusammenhang Gottes oder der Natur, in dem sie vorher existierten, als »Bewerter« herausnahmen, ihm *gegenüberstellten*, d. h., sie erwarben ein furchtsames Bewusstsein der Endlichkeit ihres Körpers und identifizierten sich mit diesem.

Vernünftig betrachtet, sind Leid und Tod keine göttlichen Strafen für Fehlverhalten, das vermeidbar wäre, indem man Gott sich günstig stimmt, sondern natürliche Konsequenzen der kausalen Verwicklungen zwischen Einzeldingen unterschiedlicher Macht. Wer das erkennt, wer die Dinge also vernünftig und genau *untersucht* und nicht nach irgendwelchen imaginierten Konventionen *bewertet*, verliert auch die Todesfurcht. (EVprop38) Begegne ich einem Tiger, der mich frisst, erwische ich einen Virus, der mich tötet, erleide ich einen Kollaps wegen einer Allergie, so ist mir nicht über komplizierte kausale Verwicklungen von Gott eine Strafe geschickt worden. Vielmehr bin ich in Umstände geraten, in denen meine Macht, mich selbst zu erhalten, die nun einmal endlich ist, an ihr Ende gekommen ist. Diese Umstände *zielen* nicht auf ein vergangenes Handeln von mir ab. Dass der Tod in ihnen eintritt, ist so wenig ein Fehler von mir wie die Tatsache, dass ich nur endliche Selbsterhaltungsfähigkeiten besitze.

Analoges ist für Freude und Glück zu sagen. Auch sie sind keine *Belohnungen*, die von Gott für richtiges Verhalten verteilt werden, sondern Konsequenzen, die sich in bestimmten kausalen Konstellationen einstellen. Sich auf eine bestimmte Weise zu verhalten, führt nicht teleologisch zu Freude und Glück, sondern ein bestimmtes Verhalten *ist* ein freudvolles oder glückliches. Entsprechend lautet der letzte Lehrsatz von Spinozas *Ethik*: »Die Glückseligkeit ist nicht der Lohn der Tugend, sondern die Tugend selbst; und wir erfreuen uns derselben nicht, weil wir die Lüste einschränken, sondern umgekehrt, weil wir uns derselben erfreuen, können wir die Lüste einschränken.« (EVprop42)

Gott oder die Natur (EIVproö) verfolgt also keine Ziele für oder mit den Menschen, versucht sie nicht mit bestimmten Absichten und Handlungen in eine Richtung zu lenken. Es geht Gott oder der Natur in ihrer schöpferischen Aktivität um nichts. Vor allem geht es ihm oder ihr nicht um Wohlergehen oder Unsterblichkeit der Menschen als genussfähige Einzelne. Deshalb versucht Spinoza in seinem eigenen Nachdenken beides zu revidieren: den Anthropozentrismus der Weltbetrachtung wie auch den Aberglauben über das höchste Wesen als einer wundertätigen Person (vgl. auch den Brief 73 an Oldenburg zum Zusammenhang von Wunder- und Aberglauben).[46]

Spinoza erkennt an, dass alle Einzelwesen de facto in einer Machthierarchie existieren, dass es mehr oder weniger wirkmächtige Einzelne gibt. Doch ist ihnen diese Macht nicht von irgendwem verliehen worden, *damit* sie nach einem Schöpfungsplan eine Hierarchie von mehr oder weniger *wertvollen* Wesen realisieren und auf ein von Gott oder der Natur angestrebtes Ziel hinarbeiten können. Alle Zielvorstellungen sind vielmehr etwas, was Menschen aufgrund kulturell erworbener Bewertungskriterien in ihren Selbsterhaltungsbemühungen aus sich heraus entwickeln und in die Natur projizieren, weil sie endliche Wesen sind und sie ihr Handeln in der begrenzten Zeitspanne, die sie haben, ab einem bestimmten Alter unter einer Zielvorstellung »organisieren«. In seiner Abhandlung über die *Verbesserung des menschlichen Verstandes* denkt Spinoza über mögliche Zielvorstellungen wie Ehre, Reichtum, Lust und Erkenntnis nach. Er stellt fest, dass die ersten drei Ziele höchst problematisch sind, weil sie Konkurrenzsituationen heraufbeschwören. Weil die Menge der möglichen Ehrungen, der Reichtums- und Lustgüter endlich ist, sind diese Güter *umkämpft.* Allein die Erkenntnis wird nicht weniger, wenn man sie teilt. Wer eine Wahrheit erkannt hat, verfügt, wenn er sie anderen mitteilt, danach nicht etwa nur noch über die halbe, sondern immer noch über die ganze Wahrheit. Weil Konkurrenzkämpfe um knappe Güter zu Unruhe und Furcht führen, ist ein der Erkenntnis gewidmetes Leben nach Spinoza anderen Lebensweisen vorzuziehen. Denn Unruhe und Furcht zerstören die Reflexionsfähigkeit und können im Extremfall sogar die Kompetenz beschädigen, sich selbst zu erhalten, weil man nicht mehr darüber nachdenken kann, was für einen gut ist. (TIE, 11)[47] Trotz dieses einfachen Gedankengangs verfolgen die meisten Menschen in verschiedenen Kulturen keinen Lebensweg, der auf Erkenntnis ausgerichtet ist, sondern einen anderen, der auf die Vermehrung von Ehre, Reichtum oder Lust fokussiert ist. Warum?

Nachdem wir als Kinder eine Sprache erlernt haben, sehen wir alle einzelnen Dinge entsprechend den Begriffen, mit denen wir sie in dieser Sprache zu beschreiben gewohnt sind: Diese zwei grauen Dinge da sind meine Pantoffeln, das ist die Lampe, hier mein Bleistift, im Keller steht mein Fahrrad. Mit den begrifflichen Beschreibungen der Dinge gehen Funktionen oder Zwecke und mit ihnen wiederum Bewertungen einher. Die Pantoffeln sind dazu da, meine Füße in der Wohnung warm zu halten, sie tun dies entweder auf gute oder schlechte Weise. Die Lampe beleuchtet meinen Tisch beim Lesen, mit dem Bleistift kann ich mir aufschreiben, was ich heute noch zu erledigen habe, mit dem Fahrrad zum Bäcker fahren, um Brot zu holen. Auch diese Dinge können ihre Funktionen mehr oder weniger gut erfüllen. Vielleicht ist die

Lampe zu dunkel oder zu grell, um in ihrem Schein zu lesen, vielleicht ist der Bleistift zu kurz oder zu hart, um mit ihm zu schreiben, vielleicht ist das Fahrrad verrostet oder klappert. Das sind Tatsachen. Doch die Tatsache, dass wir diese materiellen Gerätschaften für bestimmte Ziele in unserem Leben einsetzen und das, was wir in ihnen sehen, wenn wir uns mit ihnen beschäftigen, allein in der bewertenden Perspektive, ob sie die Ziele, die wir uns mit ihnen gesetzt haben, auch erreichen, ist kulturell bedingt, hängt nicht an den Dingen selbst. Wenn ich den für das Schreiben zu harten Bleistift als Stechwaffe benutze, ist er plötzlich ein gutes Ding, gerade wegen seiner Härte. Wenn ich das klappernde Fahrrad als Hunde abschreckenden Geräuscherzeuger verwende, ist es von Vorteil, dass es klappert. Wenn ich die zu grelle Leselampe vom Schreibtisch wegnehme und in einen größeren Raum stelle, mag sie mit einem Mal eine gute Lichtquelle sein, ohne dass sie sich verändert hat. Es liegt also nicht an den Dingen, dass wir sie für gut oder schlecht halten, sondern an den Bewertungen, die sich aus den begrifflichen Perspektiven ergeben, unter denen wir sie in bestimmten Handlungskontexten betrachten, in denen wir ganz bestimmte Ziele verfolgen. Fast alle begrifflichen Perspektiven sind mit solchen Handlungszusammenhängen verbunden.

Spinoza hielt die meisten der Begriffe, die wir verwenden, für kulturell bedingte Konventionen, die wir lernen sollten fallen zu lassen. Denn die meisten Begriffe sind oberflächliche Zusammenfassungen zu einer Vielfalt von Eindrücken, die wir als endliche Wesen zu handhaben nicht in der Lage sind. Spinoza schreibt, dass dann, wenn die »Zahl der Bilder«, die sich ein menschlicher Körper gleichzeitig vorstellen kann, »erheblich überschritten« wird, es zu Verwirrungen kommt, die mit der Bildung von Allgemeinbegriffen aufgefangen werden. (Vgl. EIIprop40sch1) Allgemeinbegriffe, vor allem sehr abstrakte (sogenannte »Transzendentalia«) wie »Sein« oder »Ding«, sind also nur abkürzende Instrumente, mit denen Menschen auf eine Verwirrung in ihrem Geist, die durch zu viele Eindrücke verursacht wird, reagieren. Diese Allgemeinbegriffe sind den Einzeldingen, auf die sie sich beziehen, jedoch nicht angemessen (sie stehen nicht für »adäquate Ideen«, wie sich Spinoza ausdrückt). Dieser Nominalismus Spinozas ist kein durchgehender. Denn er kennt auch Gemeinbegriffe (*notiones communes*, EIIprop40sch1), die auf adäquate Ideen zurückgehen und entsprechend nicht auf Verwirrungen des endlichen menschlichen Geistes bezogen sind, der bestimmte Komplexitäten nicht mehr handhaben kann. Wenn man diese Begriffe in gültige Schlüsse einsetzt, dann kann man nach Spinoza neue komplexere Gemeinbegriffe bilden, die sich nicht auf verworrene Vorstellungen beziehen. Das ist das Verfahren, das er in seiner *Ethik* verfolgen will. Neben der verworrenen Bezugnahme auf Gegenstände durch konventionelle Allgemeinbegriffe und einer durch nichtkonventionelle beziehungsweise inferentiell korrekt erzeugte kennt Spinoza noch die *intuitive* Erkenntnis. Diese erläutert er am Beispiel der Mathematik. Wer gefragt wird, wie die Zahl lautet, die sich zur 3 so verhält wie die 2 zur 1, sagt *intuitiv* 6, ohne notwendigerweise eine Rechenoperation durchführen zu müssen. Diese Art der Erkenntnis nennt Spinoza auch die dritte Erkenntnisart oder *scientia intuitiva*.

Der wichtige Lehrsatz 24 des fünften Teils der *Ethik* lautet nun: »Je mehr wir die einzelnen Dinge erkennen, umso mehr erkennen wir Gott.« Der darauf folgende sagt: »Das höchste Bestreben des Geistes und die höchste Tugend ist, die Dinge nach der dritten Erkenntnisgattung zu erkennen.«

Nun betrachtet Spinoza (in Iprop25corr) die einzelnen

Dinge als nichts anderes als »Erregungen oder Erscheinungsformen« (*modi*), durch die das Wesen Gottes »auf gewisse und bestimmte Weise ausgedrückt« wird. Weil er Gott oder die Natur nicht nur als die Ursache der *Existenz* aller Einzelwesen ansieht, sondern auch als Ursache ihres *Wesens*, ist es möglich, von ihnen aus den umgekehrten Weg zu beschreiten: durch ihre adäquate Erkenntnis eine Intuition über Gott oder die Natur zu erreichen und zu verstehen, auf welche Weise die Einzeldinge »in Gott« sind. Genau auf diesen umgekehrten Weg verweist der Satz: »Je mehr wir die einzelnen Dinge erkennen, umso mehr erkennen wir Gott.« Alles ist nach Spinoza »in Gott«, und nichts kann letztlich adäquat ohne ihn begriffen werden. (EIapp) Weil Gott oder die Natur aber kein Einzelwesen ist, das Ziele verfolgt, können wir in der Begrifflichkeit, die wir konventionell verwenden und die durch unsere Interessen und Zielverfolgungen geprägt ist, nichts über das Wesen der Dinge und über Gott oder die Natur herausfinden. In dieser Begrifflichkeit erscheinen uns die Dinge nur als Spiegel unserer eigenen Vorhaben: die Sonne als Wärmespender, das Getreide und die Tiere als Nahrung, die Lichtung als Bauplatz und so weiter. Wenn ich die Einzeldinge jedoch in ihren Beziehungen zueinander erforsche, das kausale Netz untersuche, in das sie unabhängig von mir eingebettet sind, dann lerne ich, sie auch unabhängig von meinen Interessen zu sehen. Ein Krokodil oder ein Virus ist dann nicht lediglich als Bedrohung meiner körperlichen Unversehrtheit zu betrachten, sondern als Produkt der Evolution (in unserem heutigen Verständnis). Je mehr ich mich an diese zweite Perspektive gewöhne, umso deutlicher wird mir, dass Gott oder die Natur überhaupt keine Ziele verfolgt. Wenn ich sehe, dass das Krokodil und der Virus nicht etwas sind, was entstand und existiert, um mich zu schädigen, dass der Kausalzusammenhang, in dem sie existieren, auf nichts von irgendwem Beabsichtigtes hinausläuft, verschwinden auch alle negativen und positiven Bewertungen aus der Betrachtung der Einzeldinge. Das Krokodil ist nicht mehr *an sich* schlecht und der Apfel *an sich* gut. Vielmehr werden die Gefühle, die ich in bestimmten kausalen Konstellationen habe, zum Ausdruck dieser Konstellation. Meine Freude ist in Spinozas Verständnis der Ausdruck dafür, dass meine Handlungsfähigkeit in einer bestimmten kausalen Konstellation zunimmt. Meine Traurigkeit ein Ausdruck, dass sie in einer anderen Konstellation abnimmt. Nur aus meiner Perspektive ist diese Schwankung gut oder schlecht. Für das Krokodil, das mich verspeist, für den Virus, der sich in mir ausbreitet, ist die Abnahme meiner Handlungsfähigkeit nicht schlecht, sondern die Bedingung der Zunahme ihrer Wirkmächtigkeit. Für Gott oder die Natur als ganze sind diese Fluktuationen im Aktivitätsniveau und den affektiven Zuständen von Einzelwesen nichts Bedrohliches oder Erfreuliches, sondern nur eine Manifestation einer Selbstbezüglichkeit von Gott. Denn Spinoza denkt Gott oder die einzige Substanz als sich selbst verursachend (EIprop7), als reflexiv, und die Aktivität dieser Selbstverursachung drückt sich als das Zusammenspiel von Einzelwesen aus. Die Selbstverursachung ist jedoch keine teleologische Geschichte, bei der etwas Einzelnes aus etwas anderem Einzelnen hervorgehen würde, sondern reine leidfreie Aktivität.

Spinoza war kein Idealist oder Konstruktivist, der die Lehre vertrat, die Einzeldinge verschwänden, wenn wir sie nicht mehr mit unseren konventionellen Begriffen charakterisieren. Wenn wir Wittgensteins Hasenente nicht mehr als Hasen und nicht mehr als Ente sehen, das Vexierbild, das zwei Vasen genauso wie zwei Gesichter zeigen kann, weder in die eine noch die andere Richtung deuten, was sehen wir dann? Linien? Angenommen, wir hätten auch von Linien noch keinen Begriff. Was steht uns dann vor Augen? Ein Baby, das weder über den Begriff »Hase« noch den einer »Ente« oder über »Vase« und »Gesicht« verfügt und auch nicht den Begriff einer »Linie« kennt, was sieht es, wenn es auf das Papier mit diesen Zeichnungen schaut? Wenn wir das sagen könnten, dann müssten wir einen Allgemeinbegriff verwenden, und das hieße, wir müssten das, was uns vor Augen steht, als *etwas Bestimmtes* sehen. Wenn Spinoza meinte, wir könnten in der *scientia intuitiva* die einzelnen Dinge in Gott und in den einzelnen Dingen Gott sehen, was sehen wir dann?

Eine erste Annäherung an die Natur oder Gott als Substanz in der cartesisch-spinozistischen Auffassung kann man über den Begriff des »mass terms« finden. Massenterme wie »Wasser«, »Haar« oder »Brei« im Sinne von Quine[48] verweisen weder auf Eigenschaften noch auf Individuen. Ein Wassertropfen ist ein Individuum, und Wässrig-Sein ist eine Eigenschaft, ein einzelnes Haar ist ein Individuum und Haarig-Sein eine Eigenschaft, ein Löffel Brei ist ein Individuum, und sämig ist, so wie Brei-Sein, eine Eigenschaft. Doch das Wasser in den Flüssen, im Meer und in den Wolken ist kein Individuum und keine Eigenschaft.

Wenn Gott oder die Natur ebenfalls kein Individuum und keine Eigenschaft ist, sondern reine Reflexivität und Kreativität, die sich in einem Kausalzusammenhang von Einzelwesen manifestiert oder ausdrückt, dann müssen wir uns die Einzelwesen in Gott als Resultate einer absichtslosen reflexiven Tätigkeit denken. Mir fallen für solche Tätigkeiten nur ästhetische Beispiele ein: ein Tanz oder ein Gesang, ein Gemälde oder ein Gedicht, in dem sich jemand ausdrückt, ohne jemand anderem etwas mitteilen zu wollen. Bedeutet die Dinge in

Gott zu sehen bei Spinoza also, sie als so etwas wie als Teil eines Kunstwerkes zu erkennen, in dem sich etwas, jedoch nicht *jemand* ausdrückt? Spinoza spricht davon, dass die Attribute Gottes oder der Natur, Denken und Ausdehnung, ihr Wesen ausdrücken und die Einzeldinge wiederum das Wesen der Attribute. Dies gilt sogar für jeden einzelnen Körper. (Vgl. EIIdef1) Insofern ist jedes einzelne Ding ein Ausdruck Gottes oder der Natur. Weil Gott reine Reflexivität und kreative Tätigkeit ist, Tätigsein für Spinoza jedoch mit Freude oder Liebe verbunden ist, ist der »Grundaffekt«, der mit der göttlichen Reflexivität und Kreativität einhergeht, die Liebe, oder die Substanz liebt sich im Selbstausdruck ihrer Kreativität selbst. (EVprop35) Die Dinge in Gott zu sehen bedeutet, sie als Manifestation der göttlichen Aktivität zu sehen. Affektiv heißt, in der Wahrnehmung der Einzeldinge die Liebe Gottes zu sich selbst zu erkennen. Der affektive Zustand, der eintritt, wenn die Dinge so gesehen werden, ist die intellektuelle Liebe zu Gott (*amor intellectualis dei*), die nichts anderes ist als die in uns selbst erscheinende Liebe Gottes zu sich selbst. Erst wenn wir die Dinge nicht mehr auf unsere partikularen Interessen beziehen, können wir sehen, wie sie in Gott sind, und sie freudig oder liebend betrachten.

Elementare Gefühle, rosa Eiswürfel: Wilfrid Sellars

Was sieht ein Kind, das gerade auf die Welt gekommen ist, das unsere Sprache noch nicht beherrscht? Was sieht es, wenn es auf Linien schaut, die in unseren erwachsenen Augen einen Hasen oder eine Ente zeigen? Es kennt noch nicht Begriffe wie »Tisch«, »Stuhl«, »Hund«, »Katze«, »Fenster«. Aber es schaut sich wie ein erwachsener Sprecher in einem Raum um, in dem die anderen all diese Gegenstände identifizieren und benennen können. Was sieht ein Löwe, der mich ins Auge fasst, aber der nie meine Sprache sprechen wird? Er hat keinen Begriff von »Mensch«, aber er riecht vielleicht mein Fleisch. Aber das Wort »Fleisch« hat er nie gesagt. Angenommen, es blitzt und donnert. Sowohl meine Katze wie ich verlassen den Garten. Wir ziehen uns ins Haus zurück. Haben die Katze und ich dasselbe gehört? Zumindest reagieren wir unabhängig voneinander offenbar auf dasselbe. Aber die Katze kann nicht »Gewitter« sagen, sie hat keinen Begriff von dem Wetterereignis, oder wenn sie einen haben sollte, so kenne ich ihn nicht.

Diese Beispiele betreffen den Zusammenhang zwischen unseren Empfindungen und Wahrnehmungen auf der einen und der Sprache auf der anderen Seite. Wenn ich eine braune Fläche als Tisch sehe, sehe ich sie dann anders, habe ich dann andere Empfindungen als zu der Zeit, als ich den Begriff »Tisch« noch nicht kannte? Oder gibt es bewusste Empfindungen nur dort, wo es auch ein sprachliches Bewusstsein gibt? Das scheint unplausibel, denn die Katze, die bei Blitz und Donner ins Haus läuft, ist doch bewusst, wach, auch wenn sie nicht spricht. Was also ist überhaupt eine Empfindung?

Der Quantenphysiker Anton Zeilinger glaubt, dass Physik und Hirnforschung diese Frage gegenwärtig nicht beantworten und auch in Zukunft niemals werden beantworten können.[49] Es ist immer gefährlich zu behaupten, dass eine Frage grundsätzlich nicht beantwortbar ist. Doch Zeilinger spielt hier wohl auf die methodischen Grundvoraussetzungen moderner quantitativer mathematisierter Physik an, wenn er auf die Schwierigkeit verweist, mit dieser Methode subjektive Zustände des Empfindens zu thematisieren. Der US-amerikanische Philosoph Wilfrid Sellars meinte dagegen, dass sich die Physik weiterentwickeln werde und dass das, was uns in den Empfindungen gegeben ist (und was er »sensibilia« nannte), als einfache, unzerlegbare Bestandteile der Wirklichkeit von einer neuen Physik eines Tages anerkannt werden würde. Doch wird eine Naturwissenschaft, die zu einer solchen Anerkennung in der Lage ist, immer noch eine Physik in »unserem Sinne«, d.h. eine rein quantitative in der mathematischen Sprache vorgehende Disziplin sein? Physikerinnen und Physiker beobachten zwar die Natur, aber sie haben keine physikalische Theorie der Beobachtung, die die Beobachtung selbst und das, was qualitativ in ihr gegeben ist, als etwas in der Natur begreifen könnte. Schon Galilei machte die wichtige Unterscheidung zwischen *primären und sekundären Qualitäten,* um die mathematisierte Physik von den subjektiv gegebenen Qualitäten frei zu halten. Primäre Qualitäten wie Geschwindigkeit, Masse, Volumen und so weiter sind quantifizierbar, messbar und deshalb durch Zahlen, die bestimmte Einheiten wie »v«, »m« oder »l« graduieren, thematisierbar. Sekundäre Qualitäten wie »rot«, »der Klang des hohen C«, »der Geschmack der Zitrone« sind in ihrer phänomenalen Natur nicht quantifizierbar, obwohl sie Schwingungsfrequenzen im Spektrum elektromagnetischer Wellen und den

Luftschwingungen zuordenbar sind. Sie sind als einfache phänomenale »Gegebenheiten« »Teil« unserer Wirklichkeitserfahrung, doch in ihrem qualitativen Charakter nicht Gegenstand physikalischer Erklärungen.

Das heißt nicht, dass wir nichts über diese Qualitäten wissen oder sagen können. Menschen wissen viel und sprechen vor allem über Themen, die die Physik nicht ins Auge fasst: den Geruch eines Parfüms, ihren Liebeskummer, den Schmerz beim Verlust eines Angehörigen, ihre Hoffnungen und Befürchtungen und vieles andere mehr, das rein qualitativer Natur ist. Das eindeutig Quantifizierbare ist höchstens beim Blick auf das Bankkonto oder auf die Waage Gegenstand unseres Nachdenkens. Doch dass wir etwas über das qualitativ Gegebene sagen können, bedeutet nicht, dass wir dann, wenn uns eine Sinnesqualität in das Bewusstsein tritt, in einem Zustand des Wissens von *irgendetwas* sind. Rot, ein Schmerz, ein Geschmack auf der Zunge – das sind alles keine Dinge wie Tische oder Stühle. Gleiches gilt für die graduierbaren Eigenschaften, zwischen denen die Physik funktionale Abhängigkeiten findet, wie Kraft, Masse und Geschwindigkeit. Auch sie sind keine Einzeldinge. Einzeldinge scheinen überhaupt eine viel weniger bedeutsame Rolle in der »Ausstattung« der Welt zu spielen, als es unsere Alltagserfahrung oder die Ontologie des Aristoteles nahelegen. In seiner Metaphysik reiner Prozesse hat sie der Philosoph Wilfrid Sellars fast ganz zum Verschwinden gebracht.[50] Statt zu sagen, der Ton C der Violine erklingt, schlug er vor, Formulierungen wie »Es cist violinartig« zu verwenden, damit wir unsere Fixierung auf die Einzeldinge verlieren. Schließlich sagen wir ja auch »Es blitzt« und nicht »Der Blitz leuchtet auf«. Anstelle von »Sokrates ist weise« könnte man entsprechend sagen: »Es weist sokratisch« und so weiter.

Nun findet menschliche Kommunikation immer über Zeichen statt, deren Gebrauch durch Regeln geordnet wird. Und man kann die Regeln dieser Kommunikation nicht per philosophisches Dekret einfach ändern. Diese Kommunikation betrifft auch Sinnesqualitäten. Menschen können sich über ihre Empfindungen miteinander nur in einer diese Zeichen verwendenden Rede in gewisser Hinsicht »verschlüsselt« verständigen. Denn sie können den qualitativen Charakter ihres Erlebens nicht direkt »weiterreichen« wie ein Stück Kuchen oder einen Schlüssel, auch wenn ihre Kommunikation Empfindungen *auslösen* oder sie durch Gewaltanwendung oder erotische Aktivitäten in anderen Empfindungen *verursachen* kann. Aber Empfindungen sind keine Objekte, die man teilen kann wie einen Teller Spaghetti, das Bad in einem gemeinsamen Haus oder ein Auto.

Sind die Qualitäten in unseren Empfindungen deshalb »etwas Privates«, wie im philosophischen Fachjargon manchmal gesagt wird? Kenne nur ich selbst und niemand sonst meine Empfindungen und ihren »Inhalt« (wenn sie denn einen haben)? Das würde nahelegen, dass es Wissen über öffentliche und Wissen über private Gegenstände gibt und dass das Wissen über Sinnesqualitäten eben eines über solche privaten Gegenstände ist. Alle wissen etwas über den Präsidenten der Vereinigten Staaten, doch nur ich weiß etwas über die in meinem Keller versteckten Kartoffeln, weil ich der Einzige bin, der einen Schlüssel zu meinem Keller hat. Sind meine Empfindungen also verborgene Gegenstände in meinem Inneren, über die nur ich etwas wissen kann wie über meine Kartoffeln? Nein! Denn eine Sinnesqualität zu erfahren ist gar kein Wissen. Wie schon Charles Sanders Peirce festgestellt hat, wird in einer solchen Erfahrung nichts behauptet (bejaht).[51] Wir sind nicht immer in Zuständen des Behauptens, wenn wir uns auf die Wirklichkeit beziehen. Wer Schmerzen hat, behauptet nichts, auch wenn er gegenüber einer anderen Person behaupten kann, dass er Schmerzen hat. Auch wer eine Sinnesqualität aufmerksam wahrnimmt und sie nicht als ein Zeichen für etwas nimmt, sondern ganz »bei ihr« ist, behauptet nichts. Nur grün zu empfinden *bedeutet* nichts. Zu denken, dass die Pflaume grün und also noch nicht reif ist, bedeutet dagegen, von der Behauptung, dass das Grün das einer Pflaume ist, auf die weitere Behauptung zu schließen, dass diese Pflaume noch nicht reif ist. Hier ist das Grün ein Zeichen für die Unreife einer Frucht geworden. In der neueren westlichen Philosophie gibt es jedoch die Tendenz, das ganze geistige Leben von den umgangssprachlich strukturierten Behauptungen her zu denken: »Die Pflaume ist grün«, »Der Eiswürfel ist rosa«, »Sokrates ist weise« – das sind so die philosophischen Standardbeispiele. Im Anschluss an sie wird dann gefragt, was alles im Geiste »propositional«, also analog zu einem Behauptungssatz ist. Doch vielleicht ist das sehr wenig. Vielleicht sind Bilder, Empfindungen und Prozesse aus ihnen das, was zumeist »durch« den Geist »läuft«.

Dass das, was »in« Empfindungen »erscheint«, etwas anderes als ein Gegenstand ist, über den wir bestimmte öffentlich nachprüfbare Aussagen machen können, hat nicht nur mit ihrer vermeintlichen »Privatheit« zu tun. Wilfrid Sellars hat in den 1960er Jahren das berühmte Beispiel eines *rosa Eiswürfels* in die philosophische Diskussion eingeführt, den wir nicht auf dieselbe Weise analysieren können wie eine hölzerne Leiter. (PSIM, 26)[52] »Analysieren« meint hier »zerlegen«: Eine hölzerne Leiter können wir in Teile zerlegen, sie besteht aus soundso vielen Quersprossen und aus zwei Seitenlatten, in die diese Sprossen eingelassen sind. Einen durch und durch rosa gefärbten Eiswürfel können wir nicht auf dieselbe Weise zerlegen. Einerseits hat Rosa keine Teile, erscheint als »etwas Einfaches«. Wir können das Rosa auch nicht auf die eine Seite des Tisches legen und das Eis auf die andere. Wenn wir den Eiswürfel zermahlen, bleiben seine Bestandteile rosa. Selbst wenn er zu Wasser schmilzt, erhalten wir eine Pfütze von rosafarbener Flüssigkeit. Die Sinnesqualität »Rosa«, die wir empfinden, ist also nicht auf dieselbe Weise ein *Teil* des Eiswürfels wie die Leitersprosse ein Teil der Leiter ist. In unserem »alltäglichen Weltbild«, wie Sellars das nennt (er spricht von »manifest image«), ist der Eiswürfel durch und durch rosa. Die Wissenschaft mag feststellen, dass er aus Wassermolekülen besteht, aus einem Farbstoff, der sich auch in der Erdbeere befindet, dass Licht von ihm in unser Auge fällt, in der Retina ein Impuls ausgelöst wird, der in unseren optischen Cortex wandert, und so weiter. Die Wissenschaft erzählt eine Geschichte über für uns im Alltag nicht sichtbare Bestandteile des Eiswürfels und kausale Verwicklungen, in denen er sich befindet. Die physikalischen und neurologischen Wissenschaften werden jedoch nicht sagen, dass Rosa die folgenden Bestandteile hat: x, y, z. Auch für die Physik und die Neurobiologie hat Rosa keine Teile. Diese Wissenschaften können lediglich herausfinden, unter welchen Bedingungen Menschen in Empfindungszustände geraten, in denen sie »Rosa« wahrnehmen. Zwar haben Philosophen gesagt, dass der rosa Eiswürfel aus der Würfelförmigkeit und der Farbe Rosa »bestünde«. Doch das ist eine sehr merkwürdige Rede, die Ausdrücke über Verhältnisse des »Bestehens-aus-etwas« stark erweitert. Denn der rosa Eiswürfel ist ja nicht aus Rosa und Würfelförmigkeit *gemacht* worden, so wie die Leiter aus Holz hergestellt und aus Sprossen und Latten zusammengebaut worden ist. Ich kann nicht meine Schwester losschicken und ihr sagen: »Geh und hol mir Rosa und Würfelförmigkeit und Eis, damit ich einen rosa Eiswürfel machen kann!«, so wie ich jemanden bitten kann, mir Holz oder Latten und Rundhölzer zu bringen, damit ich eine Leiter bauen kann. Rosa und Würfelförmigkeit sind kein *Material,* aus dem etwas ist. Ich kann einen Holzwürfel mit einer Farbe, die rosa ist, anstreichen. Doch das heißt nicht, dass der Würfel aus Rosa besteht, sondern, dass sich auf seiner Oberfläche ein rosa Anstrich befindet.

Unsere Empfindungsfähigkeiten und das, was in ihnen erscheint (was immer das bedeutet, dass »uns« »etwas« erscheint), sind kein »Material«, aus dem etwas ist, jedenfalls nicht in demselben Sinne, in dem die Produkte der Handwerkskunst aus einem bestimmten Material wie Holz oder Metall sind. Unsere Physik ist jedoch vor allem von zwei Fragen bestimmt: Aus was ist das? Und was verursacht das? Doch Rosa ist aus nichts, und nichts ist aus Rosa. Und Rosa wird auch nicht verursacht und verursacht nichts. Höchstens wird meine Fähigkeit, Rosa wahrzunehmen, durch etwas verursacht, beispielsweise das Licht, das auf einen Eiswürfel fällt, und meine Empfindung von Rosa mag etwas verursachen, etwa eine Erinnerung an meine Verliebtheit im letzten Jahr.

Ein Kleinkind hat nicht nur keinen Begriff von Tisch oder Stuhl oder Eiswürfeln, sondern auch nicht von rosa und schwarz oder laut und leise. Es kann weder Dinge benennen noch darüber sprechen, was ihm qualitativ in seinen Empfindungen erscheint. Aber manchmal erschrecken Kleinkinder vor einem knallroten Gegenstand oder einem lauten Geräusch. Ich wollte meinen Sohn einmal mit einem roten Plüschhummer erfreuen. Doch er fing zu schreien an, als ich ihn ihm zeigte. Ich vermute, dass ihn das grelle Rot erschreckt hat. Wenn ein Topfdeckel scheppernd zu Boden fiel, verließ unser Hund fluchtartig die Küche und unser Baby fing zu schreien an. Weder der Hund noch das Baby konnten »Topfdeckel« oder »laut« sagen. Aber sie schienen dieselben Empfindungen zu haben wie wir Erwachsene. Deutet das nicht darauf hin, dass uns Sellars' *sensibilia*, die Qualitäten unserer Empfindungen, unabhängig davon gegeben sind, dass wir sie benennen oder gar in Sätzen über sie behaupten können?

Die Philosophie des 20. Jahrhunderts war von der Vorstellung fasziniert, dass für Empfinden, Wahrnehmen und Denken Sprache notwendig sei und dass da, wo keine Sprache verwendet wird, unklar bleibt, was für ein »geistiges Leben« überhaupt stattfindet. Die meiste Philosophie, nicht nur des 20. Jahrhunderts, ist darüber hinaus auf *Erkenntnis*zustände fixiert, wenn es um den Geist geht. Sie will wissen, wie wir auf verlässliche Weise Wissen erwerben und es rechtfertigen können. Auch die Untersuchungen von Empfindungen und Sinnesqualitäten fanden meist in diesem Kontext statt. Die Empfindung war der vermeintliche Anfang unseres Wissenserwerbs über die Welt. Zuerst empfinden wir Gelb. Dann erkennen wir, dass es das Gelb einer Zitrone ist. Und dann wissen wir, dass dort eine gelbe Zitrone liegt. Als von Philosophen wie Sellars (und vor ihm von Peirce und Kant) erkannt wurde, dass uns nichts »einfach so gegeben« ist als Basis unseres Wissens, dass die Empfindung von Gelb nicht ein unvermittelter Zugang zu einem besonders elementaren Gegenstand sein kann, über den wir etwas behaupten können, geriet eine bestimmte Form der empiristischen Rechtfertigung von Wissensansprüchen in Probleme: Die Behauptung, dass dort eine gelbe Zitrone ist, ist nicht deshalb wahr, weil die Empfindung von Gelb ein unbezweifelbarer Wissenszustand ist und ich auf diese Empfindung auf richtige Weise den Begriff einer Zitrone angewandt habe. Wir kommen bei der Rechtfertigung unserer Wissensansprüche nie bei etwas Einfachem wie Gelb an, das nicht die Komplexität einer Behauptung, eines Satzes hätte. Doch das muss nicht bedeuten, dass wir uns nur in Sätzen oder Behauptungen auf die Welt beziehen müssen oder unser Bewusstsein immer in Behauptungszuständen sein müsste. Im Gegenteil: Der größte Teil unseres geistigen Lebens (und des geistigen Lebens der Tiere) hat vermutlich gar nichts mit Behauptungen zu tun. Und in kontemplativen Zuständen, in denen ich ganz »bei einer Farbe« bin oder mit »ungeteilter Aufmerksamkeit« einer Musik lausche, behaupte ich ebenfalls nichts.

Aus der »Abfertigung« des von Sellars so genannten »Mythos des Gegebenen«, der Vorstellung, es gebe ein unmittelbares unkorrigierbares Wissen, können wir daher auch folgern, dass wir uns in Bewusstseinszuständen befinden können, in denen uns kein Gegenstand, kein »etwas« »gegeben« ist, in denen wir auch nichts über etwas wissen. Das Baby, das Gelb sieht, aber noch nicht »gelb« oder »Zitrone« sagen kann, ist vielleicht in einem Empfindungszustand, aber es stellt sich als ein wissendes Ich vielleicht noch nicht der Welt als einer Ansammlung von Gegenständen, die aus diesem oder jenem »gemacht« sind, gegenüber. Vielleicht »rutschen« wir, wenn wir die Sprache lernen, inklusive den Partikel »ich«, in ein Verhältnis zur Welt, in dem wir einerseits wissen, andererseits nicht mehr ganz »bei unseren Empfindungen« sind, sondern sie *deuten* und *behauptend verarbeiten*, indem wir sie auf Begriffe oder Zeichen beziehen.

Doch auch die Rede vom »ganz bei den Empfindungen sein« ist noch metaphorisch. Wenn ich nicht ganz bei meiner Geliebten bin, dann ist noch eine räumliche Distanz zwischen uns. Wenn wir uns umarmen, sind wir ganz beieinander, aber immer noch zwei. Doch so muss es nicht sein, wenn es einen Zustand geben sollte, in dem Gelb nicht ein Gegenstand ist. Mit Wittgenstein könnten wir sagen, dass uns »ein Bild gefangen hält«, wenn wir meinen, wir könnten auf keine andere Weise existieren denn als »Beobachter« von uns »gegenüberstehenden« »Gegenständen.[53] Wenn Gelb nichts »da draußen« ist, ja wenn es die Unterscheidung zwischen »der Welt da draußen« und »mir hier drinnen« noch gar nicht gibt, dann kann Gelb auch kein »öffentlicher« oder »privater« »Gegenstand« sein, weil da noch niemand ist, dem etwas gegenübersteht. Die sprachlich wissende Existenzform ist, wie oft bemerkt worden ist, eine, in der ein Subjekt von einem Objekt unterschieden wird, in der ein Ich ist, das sich auf einen von ihm verschiedenen Gegenstand bezieht. Wir verlassen diese Existenzform nicht, wenn wir die Sinnesqualitäten zu dem Material machen, aus dem diese uns vermeintlich gegenüberstehende Welt besteht, oder wenn wir sie zu privaten Gegenständen machen, die in einem »Innenraum«, eben »in unserem Bewusstsein«, auftauchen. Vielleicht gibt es eine Existenzform, die keine wissende und keine behauptende ist, in der der Unterschied zwischen Ich und Welt noch nicht besteht oder wieder »abgelegt« worden, »abgefallen« ist. Vielleicht existieren Babys und Tiere in dieser Existenzform, und vielleicht streben einige, die verstummen und sich kaum noch bewegen, diese Existenzform an: wach sein, ohne zu behaupten, bewusst sein, ohne etwas von etwas zu wissen. Sprechen lernen bedeutet in dieser Perspektive, vom »Baum der Erkenntnis« zu essen, zu urteilen, zu behaupten und vor allem zu bewerten, sich der Welt bewertend »gegenüberzustellen«. Noch nicht zu sprechen, noch nicht vom »Baum der Erkenntnis gegessen zu haben« oder wieder zu verlernen, sich »der Welt gegenüberzustellen«, muss nicht bedeuten, bewusstlos zu sein, sondern kann meinen, dass man sich dem Empfindungsstrom, der phänomenalen Welt überlässt, ein Teil von ihr wird, statt ihr gegenüberzustehen.

Unendliche Aufmerksamkeit: Simone Weil

Wer keine Zwecke verfolgt, dem wird schnell Passivität unterstellt oder sogar eine generelle Faulheit, die vielleicht auf eine sogenannte »Willensschwäche« schließen lässt. Die Anspannung des Willens, das Angewiesensein auf Entscheidungen und klare Entscheidungskriterien, die ermöglichen, unterschiedliche Ziele zu bewerten, kann in einer heute nicht sehr verbreiteten Perspektive dagegen selbst als eine *Schwäche der Erkenntnis* angesehen werden, wie von der französischen Philosophin Simone Weil zu lernen ist.

Schon für Spinoza war klar, dass das höchste Wesen, Gott oder die Natur, keine Ziele verfolgen, keinen Willen haben kann, weil ihm ja nichts fehlt. Die Kreativität dieses höchsten, bei Spinoza keine Person darstellenden Wesens ist *reiner Ausdruck* seiner selbst und nicht ein willentliches Streben zu etwas anderem als ihm selbst. Simone Weil hat sicher ein anderes Gottesverständnis als Spinoza. Sie scheint auch gelegentlich einen »göttlichen Willen« anzuerkennen. Doch ohne dass sie an Spinoza anknüpft, schreibt sie in ihren Tagebüchern über Gott ganz ähnlich wie Spinoza und unabhängig von der »klassischen Lehre« über seine vermeintlichen Attribute wie »Allgüte«, »Allmacht« (des Willens) und »Allwissenheit« sehr unorthodox und ungewöhnlich das Folgende: »Gott ist unendliche Aufmerksamkeit ohne Ablenkung.« (C.A.4, 132)[54] Man fragt sich angesichts einer solchen Aussage, auf *was* Gott unendlich aufmerksam ist, weil Aufmerksamkeit in der Regel ja als zielgerichtet, auf einen bestimmten äußeren Gegenstand bezogen gedacht wird.

Sicher hing Simone Weil nicht dem spinozistischen Immanentismus an, nach dem die Welt in Gott oder der Ausdruck Gottes ist, der als »inbleibende Ursache« in der Welt, in der er sich ausdrückt, gegenwärtig bleibt. In Simone Weils Theologie hat sich unsere Welt ergeben, indem Gott sich *zurückgenommen* hat, indem er etwas anderes als sich selbst als wirklich neben sich *zuließ*. Ein solches Zulassen ist etwas anderes als ein wollendes und planvolles *Hervorbringen*. Wer sagt: »Auch dies mag geschehen, neben mir«, ist in einem anderen »Handlungsmodus« als diejenige, die sagt: »Jetzt stelle ich einen Menschen (oder was auch immer) her.« In dieser ersten Einstellung wird geduldet, jedoch nichts eigentlich hervorgebracht. Wenn Gott für Simone Weil die Welt neben sich zulässt, kann das, was er da zulässt, jedoch nicht als etwas existieren, das er in sich aufnimmt oder in dem er noch gegenwärtig ist. Gott steht bei Weil der Welt *fern*: »Er bleibt uns fern, denn wenn Er näherkommen würde, würde er uns verschwinden machen. Er wartet darauf, dass wir auf ihn zugehen und verschwinden.« (C.A.4, 133) Wir können bei Weil nicht wirklich sein als einzelne, sich selbst behauptende Wesen und gleichzeitig ganz auf Gott bezogen sein. Ein authentischer Gottesbezug (und nicht lediglich die Verwendung des Wortes »Gott«) geht für sie (wie auch für viele andere Autorinnen der mystischen Tradition) mit *Selbstaufgabe* einher. (Diesen Gedanken hat sie in ihrem Leben auch in die Tat umgesetzt.[55])

Nach Weil sollten Menschen *versuchen*, sich der unendlichen Aufmerksamkeit, die Gott ist, anzunähern, indem sie selbst ihr Wollen und Planen zurückstellen, absterben lassen. Was soll stattdessen geschehen, was sollen Menschen stattdessen »tun«? Weils Antwort: »Man muss das Warten und die Demut Gottes nachahmen.« (C.A.4, 132) Denn Gott »holt« in ihrem Verständnis niemanden zu sich, er »will« nicht, dass wir uns ihm zuwenden, sondern er tritt da ein, wo wir die eigene Wirklichkeit fallen lassen. Er »wartet«, bis wir bereit sind, uns aufzugeben, und in ihm verschwinden.

Warten und hoffen, dass einem etwas erscheint oder »aufgeht«, ist für Weil eine Form des Handelns, die sie in der paradoxen Sprache der Mystikerinnen als das »nicht-handelnde Handeln« beschreibt, durch das die göttliche Aufmerksamkeit, die durch kein Interesse geleitet ist, auch in unserem Geist – sie spricht von »Seele« – anwesend sei: »Aufmerksamkeit: nicht-handelndes Handeln des göttlichen Teils der Seele wirkt auf den anderen Teil.« (C.A.2, 187) Der andere Teil der Seele ist der von Interessen erfüllte: nach Nahrung, Sexualität, Weiterleben; Interessen, die es für Gott nicht geben kann. Sofern es in Weils Welt noch etwas Göttliches gibt, ist es in unserer »Seele«, wo sie nicht von partikularen Interessen, von Zielvorstellungen, bestimmt ist. In unserer interesselosen Aufmerksamkeit »spiegelt« sich daher noch das Göttliche. Doch selten können wir eine solche Aufmerksamkeit aktualisieren, sie unter unseren Zielvorstellungen »freischaufeln«.

Simone Weil denkt sich diese Aufmerksamkeit als einen »Blick und keine Bindung«, denn: »Bindung schafft Täuschungen, und wer das Wirkliche will, muss ohne Bindung sein.« (C.A.2, 286) Solange ich die Welt nach Nahrung, Sexualpartnern und Lebensabsicherung absuche, sehe ich nicht, wie sie unabhängig von meinen Interessen, Zielen und Zwecken ist. Solange die Aufmerksamkeit allein durch meine Interessen fokussiert wird, ist sie keine *reine* Aufmerksamkeit. Wer die Torte lange aufmerksam betrachten kann, jedoch nicht den

Kot, wendet sich nicht einfach dem zu, was erscheint, sondern vor allem und zunächst dem, was ihn oder sie *interessiert.* In einem endlichen Lebewesen, das sich selbst zu erhalten versucht, ist die Aufmerksamkeit fast notwendigerweise *immer* interessegeleitet, zweckgerichtet, durch Bewertungen bestimmt, die sich aus den jeweils verfolgten Zielen ergeben. Denn was erscheint, kann als den Zielen entweder förderlich oder hinderlich angesehen werden. Eine niemals interessegeleitete Aufmerksamkeit, eine unendliche, die sich allem gleichmäßig zuwendet, könnte nur zu einem Wesen gehören, das keine Interessen mehr hat, also da sein kann, ohne sich abmühen oder etwas befürchten zu müssen. Doch das ist bei einem endlichen Wesen, das sich selbst erhalten muss, nie gegeben. Die von Weil thematisierte Aufmerksamkeit muss bei Einzelwesen daher immer mit einer *Verleugnung* eigener Interessen einhergehen, im Extremfall mit der Selbstaufgabe. Erst dann erscheint die Wirklichkeit, wie sie in der völlig interesselosen göttlichen Aufmerksamkeit ist. Eine Person, die etwas für sich in der Welt will, kann sie dagegen nie ganz erkennen, sondern verstellt durch die aus ihrem Wollen sich ergebenden Bewertungen viele Aspekte der Wirklichkeit, lenkt ihre Aufmerksamkeit immer vor allem auf das für sie selbst Relevante: »Die Wirklichkeit erscheint nur demjenigen, der den Tod annimmt.« (C.A.4, 288) Denn erst diejenigen, die den Tod annehmen, sind auch in der Lage, ganz von sich abzusehen in der Weltwahrnehmung.

Jede fokussierte Aufmerksamkeit erschließt nach Weil nur mit der Zeit langsam bestimmte Aspekte der Wirklichkeit. So wie man feststellen kann, was etwas Bestimmtes da drüben im Raume wirklich ist, indem man näher an es herantritt, es umkreist, etwa um zu erkennen, ob da eine Wand steht, die zu einem Haus gehört, oder nur eine Kulisse, ebenso erschließt sich erst mit der Zeit, wer oder was jemand oder etwas ist, indem man lange die Aufmerksamkeit auf dieses Ding oder diese Person gerichtet hält. Wenn man an das Ding als »mein Besitz« oder die Person als »meine Geliebte« jedoch gebunden bleibt, dann verhindert die Bindung, dass mit der Zeit etwas sichtbar wird, was mit der Bindung nicht vereinbar ist. Solange ich ein Interesse am Weiterbestehen der Bindung habe, überdeckt dies mein Interesse zu erfahren, wie etwas oder jemand unabhängig von dieser Bindung beschaffen ist. Wenn ich dagegen bindungslos meine Aufmerksamkeit auf etwas oder jemand richte und dies sehr lange tue, bleibt das nicht ohne affektive Wirkung. Es stellt sich eine »Freude« ein, die jedoch keine ist, die mit einem Vereinigungs- oder Anwesenheitswunsch verbunden wäre, wie er für Bindungsverhältnisse charakteristisch ist, sondern es ergibt sich eine »reine Freude« an der Wirklichkeit. Man fühlt sich bei diesem Gedanken an Spinozas intellektuelle Liebe zu Gott erinnert.

Durch schweres Leid und schließlich durch den Tod wird das soziale und biologische »Ich« mit seinen Interessen abgeschmolzen und letztlich zerstört und dabei nach Weil die reine Aufmerksamkeit »freigelegt«. Aber auch umgekehrt kann ich durch intensive Fokussierung meiner Aufmerksamkeit auf etwas von meinen Interessen »abfallen«. Sie schreibt: »Durch das Leiden zermürbt man das Ich, und man zerstört es, wenn das Leiden bis zum Tod geht. Man zermürbt das Ich auch durch die Freude, die mit einer intensiven Aufmerksamkeit verbunden ist.« (C.A.2, 228) Weil verwendet in diesem Zusammenhang auch den Begriff der »Demut«. Die eigenen Interessen fallen zu lassen in der Betrachtung von etwas ist eine demütige Einstellung, wie sie vielleicht auch für wissenschaftlich Forschende gegenüber ihrem Gegenstand charakteristisch ist. Doch sie kommt nicht nur bei ihnen vor. Denn für

Weil geht geschärfte Aufmerksamkeit als radikale Offenheit immer mit Demut einher: »Im Bereich des Verstandes ist die Demut nichts anderes als Aufmerksamkeit. Allgemeiner gesehen ist die Demut Liebe, ohne dass sie einem zurückgegeben wird.« (C.A.2, 204) Der Verstand, der aufzunehmen bereit ist, »was kommt«, ist demütig, weil er ohne Erwartung, ohne Pläne, ohne Handlungsabsichten und Interessen auf das, was ihm gegeben ist, fokussiert bleibt. Er ist zwecklos.

Diese Selbstaufgabe bedeutet keine *persönliche Herabsetzung* im Sinne von: »Susanne demütigt Peter, indem sie ihn auf die Knie zwingt.« Es geht hier um eine »*allgemeine* Demut« oder um eine »Demut gegenüber der Endlichkeit der menschlichen Fassungskraft«. Mein Ich ist das eines endlichen Organismus, der in einer bestimmten sozialen Umwelt aufgewachsen ist. Wegen dieser organischen und sozialen Vorgeschichte habe ich notwendigerweise bestimmte Interessen, Vorlieben, Wünsche. Sie sind nicht der Auswuchs meines »schlechten Charakters«, der wegen seiner Schlechtigkeit zu erniedrigen wäre. Sie sind einfach eine Folge meiner Endlichkeit. Eine Demütigung von mir, weil ich gelogen oder gestohlen habe, ist eine, die mich als eine bestimmte Person betrifft. Die Unvollkommenheit meiner Aufmerksamkeit aufgrund meiner Endlichkeit ist jedoch nichts, was mich als die Person beträfe, die ich in bestimmten sozialen Umständen geworden bin. Noch einmal Weil: »Die schlechte Demütigung führt einen dahin zu glauben, dass man als Person, als ein ganz bestimmtes menschliches Wesen Nichts ist. Die Demut ist die Erkenntnis, dass man als menschliches Wesen und, allgemeiner gesehen, als Kreatur Nichts ist.« (C.A.2, 205)

Man kann diesen Gedanken weiterführen: Gemessen an der Komplexität der Wirklichkeit sind wir Menschen ziemlich einfache und kurzlebige Wesen. Wir sollten deshalb nicht glauben, in kurzer Zeit mit einem schnellen Blick in einer bestimmten Lebensform irgendetwas »endgültig« verstehen zu können. Sollte die Wirklichkeit »unendlich komplex« sein (was immer das genau bedeuten mag), so dürften wir sie nie ausschöpfen, wirklich durchdringen und verstehen können. Wir können nur hoffen, dass wir in den verschiedenen Verhältnissen, in denen wir in ihr existieren, immer wieder Neues erfahren oder dass während unserer endlichen Existenz sich ein Moment ergibt, in dem die auch in uns vorhandene, aber meist verdeckte reine Aufmerksamkeit aufgedeckt wird und wir uns interesselos dem, was erscheint, zuwenden können. Wenn etwas in der Wirklichkeit auftaucht, was wir nicht verstehen, sollten wir nicht hochmütig sagen: Das kann nicht wirklich sein, denn es passt ja nicht zu meiner Theorie. In diesem Fall wären wir mehr an unsere eigene Theorie gebunden als an unsere der Wirklichkeit zugewandte Aufmerksamkeit und das, was in ihr erscheint. Sich der Welt oder besser den Mustern, die in ihr erscheinen »wie Gott«, zuzuwenden, bedeutet daher: anschauen, was erscheint, unabhängig davon, ob es den eigenen Interessen entspricht oder nicht, es aufnehmen, gerade auch wenn es *nicht* den eigenen Interessen entspricht, schmerzhaft ist, mögen es nun praktische oder theoretische Interessen sein, die dabei im Spiele sind.

Simone Weil glaubt, dass die Schönheit der Homer'schen *Ilias* und die der Schilderungen der Passion Christi daher rühren, dass die Autoren dieser Werke zu einer Aufmerksamkeit fähig waren, die auch das anschauen kann, was »man« nicht sehen will: das unendliche Leid des Krieges, die Folterung eines Heiligen. Doch weil dies für sie eine Fähigkeit ist, die mit dem Göttlichen zu tun hat, weil Gott als unendliche Aufmerksamkeit sich von nichts abwenden muss, »erheben« oder »erbauen« diese Werke auf eigentümliche Weise, scheinen sie uns die Welt aus einer göttlichen Perspektive zu zeigen, die uns »normalerweise« nie zugänglich ist, weil wir als endliche Wesen in unserer Aufmerksamkeit immer parteiisch sind. Homer schwebt noch über den Zwistigkeiten seiner Gottheiten wie Zeus, Ares, Athene und so weiter. Er ist weder für die Achaier noch die Troer, sondern zeigt, wie sie *gleichermaßen* ins Leid verstrickt sind. Solche Texte belegen für Weil, dass man sich von dem Interesse »für« die einen oder anderen in einem Kampf, von dem Wunsch, dass Heiliges nicht auf grausame Weise zu Tode gebracht wird, im Tode nicht vereinsamen muss, *befreien* kann.[56] Wenn diese Befreiung gelingt, stellt sich eine Freude ein, die nur aus der intensiven Aufmerksamkeit, die alles gleich klar »spiegelt«, entspringen kann. Deshalb nennen wir diese Texte, die vom Schrecklichsten handeln, nach Simone Weil »schön«.

Weil bringt diese Freude mit einer »übernatürlichen Liebe« in Zusammenhang: In der Natur als einem Zusammenspiel von endlichen Wesen gibt es immer Interessen, das Mitleid für die einen, denen man sich zugehörig fühlt, ist stärker als das für die anderen, die einem fremd sind. Homer scheint jedoch die Griechen und die Troer gleich zu lieben, auf gleiche Weise Mitleid mit ihnen zu empfinden, sonst könnte er ihr Leid nicht so detailliert schildern. Er kennt keine Parteilichkeit, verfolgt in seiner Schilderung keine eigenen Zwecke der Bewertung. Darin liegt nach Weil das »Übernatürliche« seiner Einstellung. Er schildert die Grausamkeiten der einen Partei nicht, um zu zeigen, wie schlecht sie ist im Verhältnis zu Leidenden, werden doch die Grausamen kurz darauf von denen, die sie geplagt haben, ebenso grausam behandelt. Seine Darstellung ist auch implizit nie eine Rechtfertigung der einen oder anderen Seite. Auch wer im Gebet die ganze Aufmerksamkeit auf das eigene oder fremde Leid richtet, ohne es zu rechtfertigen oder von ihm befreit werden zu wollen, sondern nur in der Haltung des »Schau auf dieses Leid!« verharrt, realisiert für sich oder erbittet für andere ebenfalls diese höchste Form der Aufmerksamkeit. Entsprechend schreibt Weil: »Die übernatürliche Liebe und das Gebet sind nichts anderes als die höchste Form der Aufmerksamkeit.« (C.A.2, 257)

Auch im Bereich des Ethischen sind für Weil nicht der Wille und die richtigen Handlungsprinzipien entscheidend, sondern die Aufmerksamkeit. Man »sieht«, was in einer bestimmten Situation als das Gute zu tun wäre, wenn es nur gelingt, sie ganz aufmerksam wahrzunehmen. Wann weiß ich, ob ich aufmerksam genug hingeschaut habe? Wenn sich eine *starke Intuition* einstellt, die mich dazu zwingt, so und nicht anders zu handeln. Die Aufmerksamkeit oder die aufmerksam wahrgenommene Situation gibt selbst das Gute, das zu tun wäre, in einer Intuition frei. Das falsche Handeln ergibt sich dagegen daraus, dass man die Aufmerksamkeit abgewendet hat, weil man es nicht ertrug, die Situation zu betrachten: »Man kann dem Guten nur ausweichen, indem man seine Aufmerksamkeit abwendet. Wenn man ihm genug Aufmerksamkeit und auch lang genug entgegenbringt, hilft es nichts, sich zu wehren; man ist gefangen.« (C.A.2, 204f.) Aber auch dafür ist es nötig, dass die eigenen Interessen den Blick nicht mehr verstellen oder zu schwach machen, um zu sehen, was geschieht und was zu tun wäre.

Sein Leben unter ein Bild stellen: Ludwig Wittgenstein

Es gibt viele Zeichnungen in Wittgensteins Texten, am berühmtesten ist seine Hasenente. Vielleicht steckte noch der Ingenieur, zu dem Wittgenstein in Berlin und Manchester ausgebildet worden war, im Philosophen, der ihn etwas zeichnen ließ, wenn er versuchte, sich über ein Problem Klarheit zu verschaffen. Offenbar dachte der große Schriftsteller ein Leben lang auch in Bildern.

Wittgenstein hat Bilder nicht nur als Mittel des eigenen Philosophierens *verwendet,* sondern auch über den Bildbegriff *nachgedacht*. Auch als er sich darüber Gedanken machte, was es heißt, einen Zweck zu verfolgen, etwas zu beabsichtigen, zu intendieren, kommt bei ihm der Bildbegriff ins Spiel. Wenn ich beabsichtige, morgen früh in die Bibliothek zu gehen, so mag mir ein Satz vorschweben, ich mag »im Geiste« vor mich hin sagen: »Morgen gehe ich aber in die Bibliothek!« Es geht mir bei einer solchen Absicht jedoch nach Wittgenstein nicht eigentlich um einen Satz, sondern um seine Interpretation oder das, was mit ihm *gemeint* ist. Die »endgültige Interpretation« eines solchen Satzes ist, wie Wittgenstein in seinen *Zetteln* sagt, *ein Bild* (*Zettel* 231)[57]: Ich sehe mich »im Geiste« etwa im Lesesaal der Bibliothek über einem Buch sitzen und Notizen in mein Heft schreiben. Sich die Zukunft vorzustellen, kann man sich (ebenso wie sich an etwas in der Vergangenheit zu erinnern) als ein solches »Machen von Bildern« denken. Mit diesen Bildern ist nach Wittgenstein eine Art »psychologisches Ende« erreicht. Ich kann mir sagen: »Morgen gehe ich in die Bibliothek« oder »Tomorrow I will go to the library« oder »Demain j'irai à la bibliothèque«, und das, was ich als meine Absicht in diesen unterschiedlichen Sätzen ausdrücke, kann ich nach Wittgenstein psychologisch »letztlich« als ein Vorstellungsbild ansehen. Ich könnte sogar tatsächlich Bilder davon malen, was ich mir vornehme und was in den drei verschiedensprachigen Sätzen zum Ausdruck kommt. Wenn wir uns etwas für die Zukunft vorstellen, sprechen wir im Deutschen ja auch davon, dass ich mir »etwas ausmale«. Ähnlich können wir unsere Erinnerungen deuten. Mir könnten die folgenden Sätze durch den Kopf gehen: »Vor 38 Jahren bin ich in der Universitätsbibliothek in Cambridge gesessen«, »38 years ago I was sitting in the Cambridge University Library«, »Il y a 38 ans, j'étais assis à la bibliothque de l'université de Cambridge«. Doch das, was mir »am Ende«, »eigentlich« durch den Kopf geht bei der Erinnerung, ist weder deutsch noch englisch noch französisch, sondern, so können wir mit Wittgenstein sagen, wieder ein malbares Bild als das, auf das sich alle drei Sätze »eigentlich« beziehen.

Eine bildhafte Vorstellung kann man nach Wittgenstein nicht missverstehen, sondern zur Vorstellung gehört, dass man das Bild auf eine bestimmte Weise versteht: »Was ich mir vorstelle, kann nicht missverstanden werden. Eine weitergehende Deutung ist insofern nicht möglich, als die Beschreibung des Vorstellungsbildes mit der Beschreibung des vorgestellten Gegenstandes zusammenfällt.« (*Vorlesungen*, 83)[58] So ist es jedenfalls, wenn wir in dem Bild »*leben*«, was Wittgenstein explizit als einen möglichen Umgang mit Bildern ansieht. Denn sofern unser Leben sich in Absichten und Erinnerungen abspielt, können wir es in seinen Augen als eines verstehen, das »in Bildern« stattfindet: »Wir könnten … auch sagen, wir *lebten* nicht in der Zeichensprache, wohl aber im gemalten Bilde.« (*Zettel*, 232. Hervorhebung M.H.) Jemand, der nicht in dem Bild lebt, in dem wir selbst leben, kann es allerdings anders deuten, gerade weil er ein anderes Leben führt, vielleicht eines, in dem andere Bilder eine Rolle spielen.

Die bekanntesten Äußerungen Wittgensteins zum Bildbegriff finden sich im *Tractatus logico-philosophicus* und in seinen *Philosophischen Untersuchungen*. Im *Tractatus* heißt es: »Wir machen uns Bilder der Tatsachen.« (TLP 2.1)[59] Der *Tractatus* muss wegen seines letzten Satzes: »Wovon man nicht sprechen kann, darüber muß man schweigen« nicht als ein in sich widersprüchlicher Text verstanden werden, was den Mystiker Wittgenstein vielleicht gar nicht weiter gestört hätte. Er kann vielmehr selbst als ein *Sprachbild* aufgefasst werden, ein Meta-Bild, das darauf *zeigt*, wie wir uns Bilder der Tatsachen machen und warum uns Bilder der Tatsachen bei unseren Lebensproblemen nicht weiterhelfen.

In seinem Spätwerk, den *Philosophischen Untersuchungen*, schreibt Wittgenstein: »Ein Bild hielt uns gefangen. Und heraus konnten wir nicht, denn es lag in unserer Sprache, und sie schien es uns nur unerbittlich zu wiederholen.« (PU § 115)[60] Die *Tractatus*-Stelle knüpft an die Physiker Helmholtz und Hertz an, die die naturwissenschaftliche Tätigkeit als ein Herstellen von Bildern gedeutet haben. Die Bilder, die uns die behauptenden Wissenschaften von den Tatsachen der Welt liefern, können, so meint der frühe Wittgenstein, jedoch nicht dabei helfen, eine *Orientierung* oder einen *Sinn* im Leben zu finden. Sie sind ethisch und religiös wertlos. In den *Philosophischen Untersuchungen* geht es dagegen um die Verführung, die ein bestimmtes *Sprachbild*, eine *Metapher* oder *Analogie* in sprachlichen Verwendungen für unser Denken darstellen kann, sodass es in die Irre geführt wird. Wenn wir aus diesen Irrtümern nicht herauskommen, dann ist das Sprachbild eine Art Gefängnis. Sowohl das Bild der Wissenschaften von der Welt wie das in die Irre führende Sprachbild sind keine

Bilder im ersten Sinne unserer Betrachtung, keine, unter die wir unser Leben stellen oder in denen wir nach bestimmten Orientierungen leben. Wittgensteins Verwendung des Bildbegriffs ist vielfältig, wir müssen uns auf eine ganz bestimmte fokussieren, wenn wir die orientierende Funktion von Bildern bei ihm verstehen wollen.

Die Sprache als ein Gefängnis, aus dem wir auszubrechen versuchen, ist auch in Wittgensteins *Vortrag über Ethik* thematisch. »Es drängte mich –«, sagt er dort, »gegen die Grenzen der Sprache anzurennen, und dies ist, glaube ich, der Trieb aller Menschen, die je versucht haben, über die Ethik oder Religion zu schreiben oder zu reden. Dieses Anrennen gegen die Wände unseres Käfigs ist völlig und absolut hoffnungslos. Soweit die Ethik aus dem Wunsch hervorgeht, etwas über den letztlichen Sinn des Lebens, das absolut Gute, das absolut Wertvolle zu sagen, kann sie keine Wissenschaft sein. Durch das, was sie sagt, wird unser Wissen in keinem Sinne vermehrt. Doch es ist ein Zeugnis eines Dranges im menschlichen Bewußtsein, das ich für mein Teil nicht anders als hochachten kann und um keinen Preis lächerlich machen würde.«[61]

Die Bilder, die die Sprache uns vermittelt, können die Idee begünstigen, dass wir uns auch von einem *guten Leben* oder dem *Sinn des Lebens* oder dem *absolut Wertvollen* ein Bild machen könnten, so wie von einer Tatsache, etwa der, dass ich in der Bibliothek sitze. Doch das ist nach Wittgenstein unmöglich. Das gute Leben, der Sinn des Lebens, das absolut Wertvolle sind keine Tatsachen, auch keine in einem transzendenten Reich, das wir vielleicht erfinden, weil wir das Gute nicht als eine empirische Tatsache in dieser Welt vorfinden. Die Sprache scheint uns auch das Bild zu vermitteln, dass Schmerzen, Sinnesqualitäten, Verstehensprozesse, das Selbst

»Dinge« oder »Vorgänge« in unserem »Inneren« seien, so wie Tische, Stühle und Fenster Dinge »da draußen« sind. Weil die Sprache auf eine bestimmte Weise funktioniert, es in ihr etwa heißt: »Ich habe einen alten Stuhl« oder »Ich habe zwei Franken« und »Ich habe einen stechenden Schmerz« oder »Jeder Mensch hat ein Selbst«, bewegen wir uns in einem Vorstellungsbild, in dem der alte Stuhl und die Franken »da draußen« von uns besessen werden und der Schmerz beziehungsweise das Selbst sich »tief in unserem Inneren« befinden. (Vgl. *Vorlesungen*, 224) Weil das Bild, das die Sprache nahelegt, unsere Einbildungskraft »gefangen hält«, entwickeln wir die Neigung, nach dem Schmerz in unserem Inneren zu suchen und uns zu fragen, »aus welchem Stoff« der Schmerz wohl gemacht ist, denn aus irgendetwas *muss* er ja gemacht sein, wenn er ein Ding wie ein Stuhl ist. Dann gerät unser Denken in Verwirrungen. Im philosophischen Jargon hat man gesagt, dass es einer »verdinglichenden« Tendenz verfällt, auch wenn es transzendente Wesenheiten postuliert, die jenseits der Welt »da draußen« und jenseits unserer sogenannten »Innenwelt« existieren sollen.

Ganz ähnlich verhält es sich in Diskussionen über den »freien Willen«. Diesen denken wir uns leicht als ein geistiges *Organ*. So wie es Herz und Nieren in unserem Körper gibt, muss es doch auch Verstand und Willen in unserem Geist geben, denn wir sprechen doch von ihnen! Dann stellt sich sofort die Frage, ob etwas, was wir tun, eine *Handlung* darstellt, die von diesem freien Willen verursacht worden ist, oder ein Ereignis, das sich in der determinierten »Maschinerie« unseres Körpers »von selbst« ergibt. Denn Wille bringt nach einem Entscheidungsprozess die Handlungen hervor, so wie unsere Bauchspeicheldrüse das Insulin. Doch ist unser Körper wirklich nur eine determinierte Maschinerie? Und ist der Wille wirklich so etwas wie ein geistiges Organ, das die Determinationen der Körpermaschine »durchbrechen« oder »übersteuern« kann? Ist mein Denken hier nicht in einem viel zu einfachen Bild gefangen? Wenn ich schlafe, atme ich »von selbst« oder »mein Körper atmet«. Doch wenn ich wach bin, kann ich meinen Atem beschleunigen oder verlangsamen, sogar für eine Weile anhalten, dann muss ich wieder atmen. Ich kann etwas essen oder auch nicht, ich kann schlemmen und fasten, ich kann langsam und ausführlich kauen oder meine Nahrung hinunterschlingen. All das steht bei mir. Doch wenn ich etwas erst einmal heruntergeschluckt habe und es in meinem Magen gelandet ist, dann habe ich keinen Einfluss mehr auf die Verdauung (wenn ich nicht Medikamente zu mir nehme). Unterliegen Atmung und Verdauung also meinem Willen oder nicht? Sind sie Handlungen oder Geschehnisse? Die Verdauung beginnt mit dem Kauen im Mund, das völlig meinem Willen unterliegt, und endet im Darm, auf den ich keinen willentlichen Einfluss habe. Ist tatsächlich nicht alles, was »in uns« passiert, viel komplizierter, als es im »Willensmodell« erscheint? Sind »wir« (wer immer das ist) nicht ein mehr oder weniger mächtiger Faktor in den Prozessen, die in unserer Umwelt und in unserem Körper stattfinden? Ist die Alternative: entweder frei wie Zeus, der in der Luft schwebt und seine Blitze auf die Erde schleudert, oder determiniert wie ein Häkchen in einer Maschine aus Hebeln, Kardanwellen und Zahnrädern nicht eine grundlegend falsche, weil sie »uns« als geistige Bewohner einer Maschine darstellt, die in dieser mit einem Willen herumfuhrwerken? Das Bild, wir seien ein klar abgegrenztes Individuum, das hier beginnt und da aufhört und das entweder determiniert ist oder aus sich heraus tätig, scheint grundlegend irreführend, geradezu primitiv. Wenn ich atme, ein Glas Wasser trinke, so geht ein Gas oder eine Flüssigkeit in mich über. Ich kann willentlich atmen und trinken. Doch ich muss auch atmen und trinken, um zu überleben. Es ist eine Notwendigkeit. Auch Pflanzen atmen und trinken, ohne dass wir ihnen einen Willen unterstellen. Auch sie stehen in einer Kontinuität mit ihrer Umwelt, wie alle Organismen. Je genauer man hinschaut, umso weniger leuchtet einem das Bild von einem scharf von seiner Umwelt abgegrenzten Selbst mit einem Willensorgan als Handlungsursprung ein.

Wittgenstein versucht uns im *Tractatus* und in seinen *Philosophischen Untersuchungen* von diesen falschen und vereinfachenden Vorstellungsbildern eines zu Verdinglichung neigenden Denkens zu befreien; auch von dem, dass wir uns das Gute an einem guten Leben müssten bildlich vorstellen können wie eine gute Lasagne oder ein gutes Auto, als eine Tatsache, oder dass Schmerzen, Gefühle, Willensakte und Gedanken innere Gegenstände oder Ereignisse sind, die aus einem uns noch nicht bekannten (geistigen?) Material bestehen. Diese Befreiungsversuche Wittgensteins könnten zu der falschen Einschätzung führen, dass für ihn Bilder vor allem und immer etwas *Problematisches* sind, dass die Sprache uns immer in Bildern irreführt oder dazu verleitet, auf diese verdinglichende Weise über das Ethische oder unser geistiges oder religiöses Leben nachzudenken, indem sie uns Bilder von *verborgenen Tatsachen* nahelegt. Doch das wäre wiederum ein viel zu einfaches Verständnis von Wittgensteins Umgang mit dem Bildbegriff.

Denn in seinen Vorträgen über den religiösen Glauben deutet er den Glauben an Gott oder an das Jüngste Gericht als eine spezifische Tätigkeit, die mit Bildern auf eine nun gar nicht in die Irre führende Weise zu tun hat. Wer einem religiösen Glauben anhängt, versucht nach Wittgenstein sein Leben unter ein Bild zu stellen. Es heißt in dem Text: »Nimm an, wir sagten, ein bestimmtes Bild würde die Rolle spielen, mich ständig zu ermahnen (etwa das Bild von einem Jüngsten Gericht, M.H.) oder daß ich immer an es denken würde. In diesem Fall gäbe es einen großen Unterschied zwischen den Leuten, für die das Bild ständig im Vordergrund stände und den anderen, die es gar nicht verwenden.« (LC, 56)[62] »Lebensregeln«, sagt Wittgenstein an einer anderen Stelle, kleiden sich in Bilder.[63] Wer an das Jüngste Gericht glaubt oder an einen persönlichen Gott als Schöpfer der Welt, hat ein Bild »im Kopf«, er *hält* sich an dieses Bild, »lebt in ihm«, um eine bestimmte Lebensregel zu erfüllen. Das Bild ist für diese Person ein Orientierungsmittel, damit sie ein bestimmtes Leben führen kann, jedoch nicht Abbild einer Tatsache. Auch Michelangelos Bild in der Sixtinischen Kapelle von Gott, wie er den Menschen erschafft, ist kein Abbild einer Tatsache, meint Wittgenstein (LC, 63), sondern ein religiöses Bild, ein Orientierungsinstrument. Denn der Gott auf diesem Bild ist als zu niemandem ähnlich gemalt worden, auch wenn es eine reale Person gegeben haben mag, an die sich der Maler bei der Herstellung des Bildes gehalten hat. Auch Bilder von der Auferstehung und vom Jüngsten Gericht sind nicht irgendwelchen Ereignissen in der Vergangenheit oder der Zukunft ähnlich. Wer das glaubte, und nach naturwissenschaftlichen Evidenzen für die Korrektheit der Bilder suchte, erläge nach Wittgenstein einem Aberglauben. (LC, 59) Das ist durchaus möglich, Aberglauben ist keine Seltenheit. Denn diejenigen, die in diesen Bildern *nicht* leben, können sie so oder so verwenden: »das Bild enthält nicht seine eigene Anwendung«. (*Vorlesungen*, 34) Wittgenstein bewertet jedoch die Anwendung dieser religiösen Bilder als Tatsachendarstellungen negativ, als nicht zu einem religiösen Leben in seinem Sinne gehörend.

Metaphorisch gesprochen gibt es unterschiedliche *Distanzen* zu einem Bild: Man kann in ihm entweder leben oder es als eine ästhetische Tatsache anschauen, nachdem man aus ihm »herausgetreten« ist und es seine lebensorientierende Funktion verloren hat. Es kann aber auch sein, dass man es einfach als eine handwerkliche Leistung wahrnimmt und weder von ihm ästhetisch ergriffen wird, noch in ihm lebt als ein religiöser Mensch. Wittgenstein bedient sich für die Veranschaulichung dieser Differenzen der Beispiele des Films und des Traums: »Denken wir, wir sitzen im verdunkelten Kino und leben im Film. Der Saal wird nun erhellt, aber das Lichtspiel auf der Leinwand geht weiter. Aber jetzt stehen wir plötzlich außerhalb, und sehen es als Bewegungen von lichten und dunkeln Flecken auf einer Leinwand. (Im Traum geschieht es manchmal, daß wir eine Geschichte erst lesen und dann in ihr selbst agieren. Und nach dem Aufwachen aus einem Traum ist es manchmal, als wären wir aus dem Traum heraus zurückgetreten und sehen ihn jetzt, als ein fremdes Bild, vor uns.) Und es heißt auch etwa, ›in den Seiten eines Buches leben‹.« (*Zettel*, 49)

In einem Film, in einem Traum, in einer Geschichte in einem Buch ganz »aufgehen« bedeutet, in den Bildern dieser Medien »zu leben«. Man kann sich immer wieder einen Film anschauen oder ein Buch lesen, um die Orientierungsfunktion, die die Bilder ausüben können, im eigenen Leben zu »erfrischen«. Man kann einen Traum ohne Mühen erzählen und dabei eine Gänsehaut bekommen, weil man in der Erzählung des Traumes wieder in seinen Bildern lebt. Manchmal hat auch ein Traum eine Orientierungs- oder Desorientierungsfunktion für eine lange Lebensstrecke wie ein religiöses Bild, oder man wacht auf und ist noch für Stunden des Tages mit den Tatsachen und Stimmungen des Traumes befasst. Dagegen zu verstehen, wie die Menschen im erleuchteten Kinosaal vor der flackernden Leinwand sitzen und den Film auf einem Festival zu beurteilen versuchen oder sich möglichst genau an einen Traum zu erinnern bemühen, um ihn anschaulich aufschreiben zu können, oder eine Geschichte, die sie in einem Buch gelesen haben, literaturwissenschaftlich analysieren, bedeutet, zu erkennen, was es heißt, Filmbilder, Traumbilder, Sprachbilder nicht als Orientierungen im Leben zu nehmen, sondern sie »von außen« als ästhetische oder wissenschaftliche Objekte, als Tatsachen zu betrachten. Man kann auch aus einem Film, einem Traum, einer Geschichte »herausfallen«, ohne es zu wollen, und sich plötzlich sagen: »Was ist denn das für ein kitschiger Streifen?« oder, während man träumt, in den »luzide« genannten Zustand geraten und sich sagen: »Ich träume das alles ja nur.« Analoges kann beim religiösen Glauben passieren. Ein Mensch kann jahrelang in dem Bild gelebt haben, dass es ein Jüngstes Gericht geben wird, dass alles, was er tut, von ihm so getan werden muss, als würde es gesehen und einmal beurteilt. Und plötzlich, von einem Tag auf den anderen, mag es ihm unmöglich werden, sein Leben unter dieses Bild zu stellen. Dann ist die betreffende Person von ihrem Glauben »abgefallen«, wie wir sagen. Das Bild hat seine orientierende Kraft verloren.

So, wie in unterschiedlichen Sprachspielen Behauptungssätze unterschiedlich funktionieren, ebenso können also Bilder unterschiedliche Funktionen erfüllen. So wenig der Satz »Ich habe Schmerzen« eine Behauptung über einen verborgenen privaten Gegenstand ist, also anders funktioniert als der Satz »Ich habe einen braunen Tisch«, ebenso funktioniert das Bild vom Jüngsten Gericht anders als das Bild von mir als jemandem, der morgen in der Bibliothek sitzen und lesen wird. Wenn mich jemand fragt, ob ich wirklich erwarte, dass ich morgen in der Bibliothek sitzen werde, weil ich mir das vorgenommen habe, dann werde ich das bejahen und vielleicht ergänzen: »wenn nichts dazwischenkommt«. Wenn eine Christin auf die Frage, ob sie an das Jüngste Gericht glaubt, sagen würde: »Ja, schon, wenn nichts dazwischenkommt«, so würde sie sich sehr merkwürdig ausdrücken. Denn wenn das Bild ihr als Orientierung dient, dann bedeutet »glauben« hier eben nicht, dass sie etwas für die Zukunft erwartet, sondern dass sie meint, mit diesem Bild durch ihr Leben zu kommen, dass sie mit ihm das Leben führen kann, das sie meint führen zu *müssen*. Zu sagen, »wenn nichts dazwischenkommt, führe ich das Leben, das ich meine führen zu müssen«, ist ein kauziger, wenn nicht sinnloser Satz. Analoges gilt für das Bild von der Auferstehung. Zu sagen, ich glaube, dass Christus auferstanden ist, bedeutet etwas anderes, als zu behaupten, dass Napoleon versucht hat, Russland zu erobern. Das Gemälde von Adolf Northen, das Napoleon auf dem Rückzug von seinem Russlandfeldzug zeigt, bildet ein Ereignis in der Vergangenheit ab. Ich kann mich fragen, ob Napoleon wirklich auf einem Schimmel geritten ist, als er in Russland war. Doch mich zu fragen, ob Christus bei seiner Auferstehung wirklich einen gelb-roten Umhang wie auf dem Bild von Matthias Grünewald getragen hat, ist ebenso sinnlos, wie zu fragen, ob Gott bei der Schöpfung von Adam wirklich einen Bart hatte, wie auf dem Bild von Michelangelo. Diese Bilder zeigen im Verständnis Wittgensteins keine vergangenen Tatsachen. Tatsachen helfen uns nicht, unser Leben zu einem guten oder sinnvollen zu machen. Sondern Tatsachen erscheinen und verschwinden einfach, sowohl im sinnlosen wie im sinnvollen, im guten glücklichen wie im schlechten unglücklichen Leben. Es fühlt sich nur anders an, sie jeweils zu erfahren, je nachdem, was für ein Leben wir führen.

Dank

Für das Schreiben dieses Buches waren nicht allein Erinnerungen, Reflexionen und Lektüren nötig, sondern auch Begegnungen mit anderen Menschen. Einige von ihnen möchte ich hier erwähnen und ihnen danken; so meinen Lehrerinnen und Lehrern Ernst Beiße (†), Dorothy Emmet (†), Floh Lehmann, Hugh Mellor (†), Peter Michelsen (†), Peter Pfaff (†), Melitta Schachner Camartin, Erhard Scheibe (†), Harry Sievers (†), Friedrich Vogel (†), Rainer Wiehl (†) und Bernard Williams (†); aber auch Kolleginnen und Freunden, Studierenden und Weggefährtinnen wie Peter Bieri (†), Wolfram Eilenberger, Raymond Geuss, David Gugerli, Zwi Guggenheim, Michael Hagner, Klaus-Dieter Hampe, Andreas Kilcher, Thomas Lehr, Marianne Leuzinger-Bohleber, Maria-Sibylla Lotter, Jonas Lüscher, Kai Marchal, Nadia Mazouz, Susan R. Morgan, Martin Münnich, Barbara Sauerbrei, Arno Schubbach, Hans-Peter Schütt, Gert Scobel, Norman Sieroka, Daniel Strassberg, Roy Wagner, Rainer Wallny und Lutz Wingert. Viele ihrer Hinweise, von ihnen vielleicht nicht weiter beachtete Nebenbemerkungen und Kritiken an meinen Gedanken und früheren Texten haben zu Einsichten und Formulierungen geführt, die in diesem Buch wieder auftauchen. Das meiste, was in meinem Kopf vorgeht, geschieht in ihm, weil ich ihnen begegnet bin.

Tobias Heyl, Oliver Del Fabbro, Fabienne Forster und Eva Schiffer haben eine frühere Version dieses Textes gelesen, kommentiert und in vielerlei Hinsicht verbessert. Auch ihnen danke ich herzlich.

M. H., Zürich im Oktober 2023

Nachweise

Was erschien

1 »Autobiographical philosophy is a type of philosophical inquiry that utilizes the personal experiences, thoughts and feelings of the philosopher to inform and shape their philosophical ideas and perspectives. This approach is different from traditional philosophy, which is often based on abstract concepts and logical arguments. Autobiographical philosophy is based on the idea that personal experiences and emotions are a legitimate source of knowledge and insight. Autobiographical philosophy can take many forms, from the personal reflections of a philosopher in their writing, to the use of a philosopher's own life experiences in their research, to the use of personal narratives in teaching philosophy. Some philosophers argue that this approach allows for a more nuanced understanding of the human condition, as it combines the abstract concepts of traditional philosophy with the concrete experiences of the individual. Some examples of philosophers who have used autobiographical elements in their work include Jean-Paul Sartre, Simone de Beauvoir, and Friedrich Nietzsche. Their works often reveal a lot about their own life experiences, thoughts and feelings and how they shaped their philosophical ideas. It's worth noting that autobiographical philosophy is not a separate branch of philosophy but rather an approach that can be used in any field of philosophy, it is also important to acknowledge the possible biases that come with the use of personal experiences in one's philosophy.« Worauf sich ChatGPT bei diesen Aussagen stützte, bleibt freilich im Verborgenen. Sie hat keine Quellen angegeben.

Wie es erschien

Die pyrrhonische Maxime

2 Die Anfänge von Descartes' *Meditationes*, von al-Ghazalis *Der Retter aus dem Irrtum* oder Spinozas *Traktat zur Berichtigung des Verstandes* sind philosophische Autobiografien. René Descartes, *Meditationen über die erste Philosophie*. Hg. von Christian Wohlers, Hamburg 2009; Abu-Hamid Muhammad al-Ghazali, *Der Erretter aus dem Irrtum*. Hg. von Elschazli, Abd-Elsamad Abd-Elhamid, Hamburg 2010; Baruch de Spinoza, *Abhandlung über die Berichtigung des Verstandes*. Werke. Lateinisch und Deutsch. Zweiter Band. Hg. von Konrad Blumenstock, Darmstadt 1980.

3 Katja Maria Vogt, *Skepsis und Lebenspraxis. Das pyrrhonische Leben ohne Meinungen*, Freiburg und München [2]2015, S. 12.

4 Sextus Empiricus, *Grundriß der pyrrhonischen Skepsis*. Eingeleitet und übersetzt von Malte Hossenfelder, Frankfurt am Main 1985, S. 139 (meine Hervorhebungen). Vgl. dazu Katja Voigt, *Skepsis und Lebenspraxis*.

5 Paul Feyerabend, *Über Erkenntnis. Zwei Dialoge*, Frankfurt am Main 1995, S. 140 (meine Hervorhebung).

6 Adrian Kuzminski, *How the Ancient Greeks Reinvented Buddhism*, London 2008; Christopher I. Beckwith, *Greek Buddha: Pyrrho's Encounter with Early Buddhism in Central Asia*, Princeton 2017; Douglas C. Bates, *Pyrrho's Way. The Ancient Greek Version of Buddhism*, Ottawa 2020.

7 Edward Conze, *Buddhistisches Denken*, Frankfurt am Main 1988, S. 305.

8 Karl Jaspers, *Die Schuldfrage*. Hg. von Dominic Kaegi. *Gesamtausgabe* Band I/23, Basel 2021, S. 86. Ich danke Maria-Sibylla Lotter für den Hinweis auf diese Textstelle.

9 Vgl. https://studybuddhism.com/en/advanced-studies/history-culture/buddhism-in-india/indian-society-and-thought-at-the-time-of-buddha (zuletzt aufgerufen am 21.10.2023).

Die äußere Welt

10 Vgl. dazu Harry Nussbaumer, *Revolution am Himmel. Wie die kopernikanische Wende die Astronomie veränderte*, Zürich 2010; und: ders., *Das Weltbild der Astronomie*, Zürich 2007.

Entstehung des hierarchischen Denkens

11 James C. Scott, *Against the Grain. A Deep History of the Earliest State*, Yale 2017, dt.: *Die Mühlen der Zivilisation*, Berlin 2020; Theodor W. Adorno & Max Horkheimer, *Dialektik der Aufklärung*, Amsterdam 1947.

12 Ein ebenso populäres Buch, das sich gegen Scotts Überlegungen wendet, stammt von David Graeber und David Wengrow: *The Dawn of Everything. A New History of Humanity*, London 2021, dt.: *Anfänge. Eine neue Geschichte der Menschheit*, Stuttgart 2022.

13 Timothy Snyder, »Is Democracy Doomed? The Global Fight for Our Future«. Vortrag abrufbar unter: https://www.youtube.com/watch?v=YY6LCOJbve8 (zuletzt aufgerufen am 18.3.2023).

14 Walter Benjamin, »Über den Begriff der Geschichte«, in: *Gesammelte Schriften*, Band I.2, Frankfurt am Main 1974, S. 691 ff.

15 J. M. Cotzee, *Disgrace*, London 1999, S. 205, dt.: *Schande*, übersetzt von Reinhild Böhnke, Frankfurt am Main 2000, S. 97 f.

Die Welt der Einzelnen

16 Solche fiktiven Berichte habe ich in der Vergangenheit in philosophischen Erzählungen zu geben versucht, die skeptisch Behauptungszusammenhänge betrachten, die an »philosophische Großbegriffe« wie »das Glück«, »die Natur« und »das Leben« anschließen, vgl.: *Das vollkommene Leben. Vier Meditationen über das Glück*, München 2009; *Tunguska oder Das Ende der Natur*, München 2014; und *Die Wildnis. Die Seele. Das Nichts. Über das wirkliche Leben*, München 2020.

17 Zum Begriff der Wahrheitspraktiken vgl. Michael Hampe, *Abschied von großen Worten. Über die Fortsetzbarkeit der Aufklärung*, Halle 2023, Zweites Kapitel.

18 Vgl. dazu Christian Benne und Christine Abbt, *Mit Texten denken. Eine Literatur-Philosophie*, Wien 2021, S. 27: »Fiktion kann wahrhaftiger sein als jedes Faktum …«

19 Heraklit (DK 22 B 64), in: *Die Vorsokratiker*. Griechisch-lateinisch-deutsch. Band 1. Ausgewählt, übersetzt und erläutert von Laura Gmelli Marciano, Düsseldorf 2007, S. 307.

20 *Ethica* IIIp13sch.

Situationen

21 Eberhard Griesebach, *Gegenwart. Eine kritische Ethik*. Hg. u. eingeleitet von Klaus-M. Kodalle, Würzburg 2005 (urspr. 1927), S. 595.

22 Vgl. dazu kritisch: Bernard Williams, *Philosophy as a Humanistic Discipline*, Princeton & Oxford 2006, S. 192 f.

23 Ibid., S. 186 f.

24 Dietrich Bonhoeffer, *Ethik* (Werke. Band 6), München [6]2020, S. 245 f.

25 Ibid., S. 220 f.

26 Vgl. Bernard Williams, op. cit., S. 210.

Fortschritte

27 Vgl. dazu: Dipesh Chakrabarty, *Provincializing Europe*, Princeton 2000.

28 Vgl. Kenneth Gergen, *Relational Being: Beyond Self and Community*, New York und Oxford 2009; und: Kathleen Wallace, *The Network Self. Relation, Process, and Personal Identity*, New York und London 2019.

29 Vgl. dazu Michael Hampe, »Denken, Dichten, Machen und Handeln. Zum Verhältnis von Philosophie, Wissenschaft und Technik«, in: Georg Betz, Dirk Koppelberg, David Löwenstein, Anna Wehofsits (Hg.), *Weiter denken – über Philosophie, Wissenschaft und Religion*, Berlin, München, Boston, S. 3–22.

Das folgenreiche Lob der Zwecke:
Aristoteles

30 Aristoteles wird nach der Bekker-Zählung zitiert, die auf die Ausgabe der Schriften des Aristoteles von Immanuel Bekker von 1831 bis 1837 zurückgeht und in den meisten Ausgaben zu finden ist. Zugrunde gelegt wurde die Werkausgabe in 23 Bänden von Aristoteles in Loeb Classical Library. Für die *Physik* also der griechisch-englische Text, wie er von Wickstedt und Cornford besorgt wurde, Cambridge/Mass. und London 1980. Für die *Politik* die entsprechende Ausgabe von Jeffrey Henderson von 1932.

31 Baruch de Spinoza, *Ethica IV*, Proömium, Werke 2. Hg. von K. Blumenstock, Darmstadt 1980, S. 383. Spinozas *Ethik* hat fünf Teile. Sie enthält Proömien, Definitionen, Axiome, Lehrsätze (Propositionen), Zusätze (Scholien), Beweise (Demonstrationen) und Anhänge (Appendizes). Sie wird wie hier folgt zitiert: »EIapp« bedeutet: »*Ethica*, Teil I, Appendix«, »EIprop12«: »*Ethik*, Teil I, Lehrsatz 12«, usw.

Leben als Durchhalten:
Beckett

32 »... no more phrases, let us be dupes, dupes of every time and tense, until it's done, all past and done, and the voices cease, it's only voices, only lies. Here, depart from here and go elsewhere, or stay here, but coming and going. Stay by stirring, there must be a body, as of old, I don't deny it, no more denials, I'll say I am a body, stirring back and forth, up and down, as required. With a cluther of limbs and organs, all that is needed to live again, to hold out a little time, I'll call that living, I'll say it's me ...« Samuel Beckett, »Texts for Nothing 3«, in: ders., *The Complete Short Prose 1929–1989*, New York 1995, S. 109, dt.: Samuel Beckett, »Texte um Nichts 3«, in: ders., *Erzählungen.* Übertragen von Elmar Tophoven, Erika Tophoven und Erich Franzen, Frankfurt am Main 1995, S. 130 f.

33 Samuel Beckett, *Dante und der Hummer. Gesammelte Prosa* (im Text mit der Sigle DH zitiert), Frankfurt am Main 2000, S. 148 f.

34 Samuel Beckett, *Echos Knochen*, Berlin 2019, S. 9.

35 Ibid., S. 44.

36 Vgl. dazu die Einführung zu *Echos Knochen* von Mark Nixon in: ibid., S. 61–73, und die Anmerkungen, S. 95–110.

37 Samuel Beckett, *Warten auf Godot / En attendant Godot / Waiting for Godot*, Frankfurt am Main 1971, S. 221.

38 *Die Vorsokratiker*. Band 1. Ausgewählt von M. Laura Gemelli Marciano, Düsseldorf 2007, S. 37 (DK12 A9).

39 Sigmund Freud, *Jenseits des Lustprinzips*, Frankfurt 2000 (urspr. 1920), S. 251.

40 Samuel Beckett, *Weitermachen ist mehr als ich tun kann*. Briefe 1929–1940, Frankfurt am Main 2013, S. 540.

41 Angela Moorjani, *Beckett and Buddhism* (im Text mit der Sigle BuB zitiert), Cambridge 2021, S. 55–61.

42 »… we're of one mind, all of one mind, always were, deep down, we're fond of one another, we're sorry for one another, but there it is, there's nothing we can do for one another.« *Complete Short Prose*, S. 102. Meine Übersetzung und Hervorhebung.

Je mehr wir die einzelnen Dinge erkennen,
umso mehr erkennen wir Gott: Spinoza

43 Vgl. Willi Goetschl, *Spinoza's Modernity: Mendelsohn, Lessing and Heine*, Madison 2004.

44 Baruch de Spinoza, *Ethica*. Teil I. Appendix. Opera-Werke. Lateinisch und deutsch. Hg. von Konrad Blumenstock, Darmstadt 1978, S. 147.

45 Ibid., S. 145.

46 Baruch de Spinoza, *Briefwechsel*. Übersetzung und Anmerkungen von Carl Gebhardt, Hamburg 1977, S. 276.

47 Baruch de Spinoza, *Abhandlung über die Berichtigung des Verstandes* (Werke. Lateinisch und Deutsch. Zweiter Band). Hg. von Konrad Blumenstock, Darmstadt 1980, S. 7.

48 W. V. O. Quine, *Word and Object*, Cambridge 1960, S. 218.

Elementare Gefühle, rosa Eiswürfel: Wilfrid Sellars

49 Anton Zeilinger, »Wissenschaft und Religion«. Vortrag aus dem Jahr 2016, im Netz: https://www.youtube.com/watch?v=Qs6KDOLwMYg. Die Äußerungen zur Empfindung finden sich bei Minute 20:55. Zuletzt aufgerufen am 13.2.2023.

50 Wilfrid Sellars, »Foundations of a metaphysics of pure process: The Carus lectures of Wilfrid Sellars«, in: *The Monist* 64 (1), Oxford 1981, S. 3–90.

51 »Direct experience … affirms nothing.« *Collected Papers* 1145, S. 60.

52 Wilfrid Sellars, »Philosophy and the Scientific Image of Man«, in: ders., *Science, Perception and Reality* (im Text mit der Sigle PSIM zitiert), New York 1963, S. 1–40.

53 Ludwig Wittgenstein, *Philosophische Untersuchungen*, § 115.

Unendliche Aufmerksamkeit: Simone Weil

54 Simone Weil, *Cahiers. Aufzeichnungen* 4, München 1997 (im Text mit der Sigle C. A. zitiert). Herausgegeben und übersetzt von Elisabeth Edl und Wolfgang Matz, S. 132.

55 Vgl. Robert Zaretzky, *The Subversive Simone Weil. A Life in Five Ideas*, Chicago 2012.

56 Simone Weil, »Die Ilias oder das Poem der Gewalt«, in: dies., *Krieg und Gewalt. Essays und Aufzeichnungen*, Zürich 2011, S. 161–192.

Sein Leben unter ein Bild stellen: Ludwig Wittgenstein

57 Ludwig Wittgenstein, *Bemerkungen über die Farben. Über Gewissheit. Zettel. Vermischte Bemerkungen* (Werkausgabe Band 8), Frankfurt am Main 1984, S. 323. Die Zahlenangabe im Text bezieht sich auf die Paragrafennummer, nicht auf die Seitenzahl.

58 Als »*Vorlesungen*« wird zitiert: Ludwig Wittgenstein, *Vorlesungen 1930–1935. Cambridge 1930–1932*. Übersetzt von Joachim Schulte. Hg. von Alice Ambrose und Desmond Lee, Frankfurt am Main 1984.

59 Als »TLP« wird der *Tractatus logico-philosophicus* zitiert: Ludwig Wittgenstein, *Tractatus logico-philosophicus. Tagebücher 1914–1916. Philosophische Untersuchungen* (Schriften Band 1), Frankfurt am Main 1984. Beim *Tractatus* wird die Satznummer, nicht die Seitenzahl angegeben.

60 Als »PU« werden die *Philosophischen Untersuchungen* zitiert (wie Fn. 59), ebenfalls nach Paragrafennummer, nicht nach Seitenzahl.

61 Ludwig Wittgenstein, *Vortrag über Ethik und andere kleine Schriften*. Hg. von Joachim Schulte, Frankfurt am Main 1989, S. 18 f.

62 Als »LC« wird zitiert: Ludwig Wittgenstein, *Lectures and Conversations on Aesthetics, Psychology and Religious Belief*. Hg. von Cyril Barett, Oxford 1966.

63 Ludwig Wittgenstein, *Culture and Value*, Chicago 1984, S. 29.